INTERNATIONALE
HOCHSCHULE

Quelle: Logo (c) iu-university.de/

Studiengang:

Fernstudium Bachelor of Arts Soziale Arbeit

Abschlussarbeit:

Aufsuchende Sozialberatung in der Nachbarschaft:

Themen, Bedarfe, Bedürfnisse arabischsprachiger, muslimischer Frauen in Deutschland

Autor/in: Jana Schlegel

Matrikelnummer: 91914393

Adresse: Kolonnadenstraße 2, 04109 Leipzig

Betreuungsperson: Dr. phil. Simon Mamerow

Abgabedatum: 11.08.2024

Verlag: BoD · Books on Demand GmbH, In de Tarpen 42,
22848 Norderstedt, bod@bod.de
Druck: Libri Plureos GmbH, Friedensallee 273, 22763 Hamburg
ISBN: 978-3-7693-5586-4

Abstrakt:

Das Ziel dieser Arbeit ist es, die sozialen Themen, Bedürfnisse und Bedarfe arabischsprachiger, muslimischer Frauen in DE zu identifizieren und bestehende Lücken in der Sozialberatung zu erkennen. Daraus sollen Verbesserungsvorschläge für die Beratungsangebote entwickelt und das Bewusstsein, sowohl der Sozialarbeitenden als auch der dt. Gesellschaft für die Problematik dieser Zielgruppe, geschärft werden. Daraus ergeben sich mehrere Forschungsfragen: Welche individuellen sozialen Themen und Herausforderungen sind bedeutsam, wo liegen die spezifischen Bedürfnisse und Bedarfe bei sozialer Unterstützung und Beratung und wo gibt es Lücken, welche deutschsprachigen Broschüren, die auch in Arabisch verfügbar sind, gibt es und wer wird inhaltlich adressiert? Um Antworten zu gewinnen, wird die Zielgruppe zuerst qualitativ befragt, während die zweite Forschungsphase eine qualitative Dokumentenanalyse von Informationsmaterialien beinhaltet.

Diese qualitative Studie hat ergeben, dass Sozialberatung vom Wechsel aus der Gemeinschaftsunterkunft in die eigene Wohnung wegfällt, die Zielgruppe außerhalb des Familie- und Freundeskreises wenig bis gar nicht vernetzt ist, verstärkt unter (Alltags-)Rassismus und Diskriminierungen leidet vor dem sie sich zu wenig politisch geschützt fühlt, ferner eine Verbindungslücke zwischen Unterstützungsangeboten und -bedarf besteht, welche durch die verschiedenen Sozialisationsprozesse im Herkunfts- bzw. Aufnahmeland und mangelndes Erfahrungs- und fehlendes Suchwissen nicht geschlossen werden kann, worunter in Summe die dauerhafte soziale Integration leidet und strukturelle Benachteiligung droht, die durch Sprach- und Verständnisbarrieren in Kombination mit der hohen Professionalisierung, der Qualität und der Organisation der Sozialen Arbeit in Komm-Strukturen befördert wird. Um dem Entgegenzuwirken wird empfohlen Geh-Strukturen zu etablieren in Form einer aufsuchenden Sozialberatung in der Nachbarschaft.

Schlagwörter: Soziale Arbeit, Sozialberatung, Nachbarschaft, Frauen, Themen, Bedürfnisse, Bedarfe, arabischsprachig, muslimisch

This study is aimed at identifying the social issues, needs and requirements of Arabic-speaking Muslim women in Germany and recognizing existing gaps in social counselling. From this, suggestions for improving the counselling services are to be developed and the awareness of both social workers and German society of the problems of this target group is to be raised. This results in several research questions: Which individual social issues and challenges are significant, where are the specific needs and requirements for social support and counselling and where are there gaps, which German-language brochures, which are also available in Arabic, are available, and who is addressed in terms of content? To obtain answers, the target group is first interviewed qualitatively, while the second research phase involves a qualitative document analysis of information materials.

This qualitative study has shown that social counselling is no longer available when moving from shared accommodation to one's own home, that the target group has little or no networking outside the circle of family and friends, suffers increasingly from (every day) racism and discrimination from which it feels insufficiently politically protected, and that there is a gap between support services and support needs, which cannot be closed due to the various socialization processes in the country of origin or host country and a lack of experience and search knowledge. Furthermore, there is a connection gap between support services and needs which cannot be closed due to the various socialization processes in the country of origin or host country and a lack of experience and search knowledge, as a result of which long-term social integration suffers and there is a risk of structural disadvantage, which is promoted by language and comprehension barriers in combination with the high professionalization, quality and organization of social work in communal structures. To counteract this, it is recommended that walking structures be established in the form of outreach social counselling in the neighborhood.

Keywords: social work, social counselling, neighborhood, women, topics, needs, requirements, Arabic-speaking, Muslim

III. Abbildungsverzeichnis

IV. Tabellenverzeichnis

V. Abkürzungsverzeichnis

ADS	Antidiskriminierungsstelle des Bundes
AsylbLG	Asylbewerberleistungsgesetz
AsylG	Asylgesetz
AWO	Arbeiterwohlfahrt e. V.
BAföG	Bundesausbildungsförderungsgesetz
BAMF	Bundesamt für Migration und Flüchtlinge
BGB	Bürgerliches Gesetzbuch
BMFSFJ	Bundesministeriums für Familien, Senioren, Frauen und Jugend
BMWSB	Bundesministeriums für Wohnen, Stadtentwicklung und Bauwesen
BPtK	Bundespsychotherapeutenkammer
BVerfG	Bundesverfassungsgericht
BZgA	Bundeszentrale für gesundheitliche Aufklärung
DBSH	Deutscher Berufsverband für Soziale Arbeit e. V.
DCV	Dt. Caritasverband
DE	Deutschland
dt.	deutsch
Destatis	Statistisches Bundesamt
DeZIM	Deutsches Zentrum für Integrations- und Migrationsforschung DeZIM e. V.
DRK	Dt. Rotes Kreuz
DSGVO	Datenschutzgrundverordnung
EMN	European Migration Network Study
ES-RiP	Studie zur Evaluation der Strukturreform der Richtlinien-Psychotherapie – Vergleich von komplex und nicht-komplex erkrankten Patienten
GWA	Gemeinwesenarbeit
IAB	Institut für Arbeitsmarkt- und Berufsforschung der Bundesagentur für Arbeit
IFSW	International Federation of Social Workers
IU	Internationale Hochschule GmbH
Jh.	Jahrhundert

MBE	Migrationsberatung für erwachsene Zuwanderer
MLD	Muslimisches Leben in Deutschland
PIE	Person in Environment System
SGB	Sozialgesetzbuch
SRO	Sozialraumorientierung
SVR	Sachverständigenrat deutscher Stiftungen für Integration und Migration
TNE	Teilnehmende
TSS	Terminvereinbarung bei Ärzten über die Terminservicestelle der Kassenärztlichen Vereinigungen
UN	Vereinte Nationen
UNHCR	United Nations High Commissioner for Refugees
UKD	Universitätsklinikum Düsseldorf
VAE	Vereinigte Arabische Emirate

1. Einleitung

Die nachfolgende Abschlussarbeit beschäftigt sich im Kontext aufsuchender Sozialberatung in der Nachbarschaft mit den spezifischen sozialen Themen, Bedarfen und Bedürfnissen arabischsprachiger, muslimischer Frauen in Deutschland (DE). Das Thema der Arbeit wird beginnend mit der Ausgangssituation über die Problembeschreibung und die Zielstellung der Arbeit mit den Forschungsfragen konkretisiert und eingegrenzt, während die Einleitung mit dem Aufbau der Arbeit endet.

1.1 Ausgangssituation in Deutschland

Im Rahmen der großen Flüchtlingswelle 2015/2016 beantragen jeweils 441.899 und 722.370 Menschen Asyl in DE (BAMF, 2015a, S. 25; BAMF, 2016, S. 25). Die zu verzeichnenden Asylanträge sind mit jeweils 73,1 % (2015) und 75,9 % (2016) überdurchschnittlich oft von zum Islam zugehörigen Personen, den Muslime gestellt, die aus den drei Hauptherkunftsländern Syrien, Afghanistan und Irak stammen. Allein aus Syrien wandern 2015 je 66,6 % und 2016 je 65,3 % Personen mit arabischer Volkszugehörigkeit, genauer gesagt arabischsprachige Menschen ein, was dem dort seit 2011 tobenden Bürgerkrieg geschuldet ist, der bis 2021 mehr als 12 Mio. syrische Volksangehörige zur Flucht veranlasst (BMZ, 2021). Eine repräsentative Studie von Pfündel et al. errechnet in Folge für DE als Mittelwert 5,5 Millionen (Mio.) muslimische Religionsangehörige aus 23 berücksichtigten muslimisch geprägten Herkunftsländern (2021, S. 37–39), was einem Anteil von 6,6 % an der Gesamtbevölkerung DE von 83,1 Mio. 2019 entspricht. Von diesen 5,5 Mio. sind insgesamt 48 % muslimische Frauen (2021, S. 48).

Erste Anlaufstelle für viele dieser Frauen in DE sind durch rechtliche Regelungen des Asylgesetzes (AsylG) von Bundesländern betriebene Erstaufnahmeeinrichtungen (Baier & Siegert, 2018, S. 3). Nach Verteilung auf die Kommunen der einzelnen Bundesländer besteht erstmals, soweit verfügbar, die Chance statt einer Gemeinschaftsunterkunft eine Wohnung zu erhalten. Die i. d. R. in den Gemeinschaftsunterkünften vorgehaltene Sozialberatung und -betreuung durch Fachkräfte der Sozialen Arbeit im Rahmen des Arbeitsfeldes der Flüchtlingssozialarbeit wird je Bundesland mit höchst unterschiedlicher Motivation und personeller Ausstattung im Verhältnis Fachkraft zu Anzahl der Flüchtlinge erbracht, endet jedoch spätestens mit Unterbringung ggf. auch Zuweisung einer eigenen Wohnung (Wendel, 2014, S. 74–76). Seit 2016 sieht zudem das Aufenthaltsgesetz (AufenthG) vor, dass Asylberechtigte mit erstmaliger Anerkennung bzw. erteilter (befristeter) Aufenthaltserlaubnis für bis zu drei Jahre dort wohnen, wo diese Zuweisung im Aufnahme- bzw. Asylverfahren erfolgt ist, was 2023 im Auftrag des Bundesamtes für Migration und Flüchtlinge (BAMF) als kaum wirksam evaluiert wird (Baba et al., 2023, S. 4–5). In diesem Zusammenhang stehen diesen Menschen vor allem die am Wohnort verfügbaren (teilweise regional unterschiedlich stark ausgebauten und/oder ausgelasteten) sozialen (Regel-)Angebote offen, die sie sich allerdings selbst erschließen müssen. Im Alltag vieler arabischsprachiger, muslimischer Frauen in DE treten außerdem spezifische soziale Herausforderungen und Bedürfnisse auf, die häufig durch bestehende soziale Unterstützungsstrukturen nicht vollständig abgedeckt werden.

1.2 Problembeschreibung, Analyse und Relevanz des Themas

Ein prägnantes Beispiel dafür ist eine arabischsprachige Flüchtlingsfamilie aus dem Libanon, bestehend aus einer verwitweten Mutter mit fünf Kindern im Alter zwischen 13 und 26 Jahren, die seit acht Jahren in DE und seit gut sechseinhalb Jahren in wechselnden Wohnungen in Leipzig leben. Trotz täglicher Interaktionen im Rahmen nachbarschaftlicher Unterstützung am aktuellen Wohnort durch eine erfahrene Sozialberaterin gibt es weiterhin erhebliche Schwierigkeiten, insbesondere bei der Verständigung aufgrund unterschiedlicher deutscher (dt.) Sprachkenntnisse innerhalb der Familie, der den Zugang zum Sozial-, Gesundheits- und Bildungssystem erschwert. Obwohl drei Familienmitglieder arbeiten, besteht die Gefahr der Altersarmut. Zu beobachten ist, dass weitere sozialraumbezogene und -orientierte Angebote primär durch fehlende Ortskenntnisse und mangelnde Kenntnisse zur Angebotsstruktur nicht selbstständig erschlossen werden können. Die Familie kämpft dazu mit individuellen Problemen wie Schulabbrüchen, familiären Traumata und den nicht verarbeiteten Fluchterlebnissen, während die Rolle der Frau im Islam die Familiendynamik beeinflusst. In der Nachbarschaft zeigt sich eine Mischung aus Akzeptanz und Ablehnung gegenüber der Familie, wobei einige offen ausländerfeindlich sind. Das führt dazu, dass die Familie bevorzugt im eigenen Familiennetzwerk[1] aktiv ist, genauer gesagt mit Menschen der eigenen Herkunftsgruppe Kontakt pflegt. Insofern ist das Thema in vielerlei Hinsicht relevant.

Zum einen ist es global aktuell, weil humanitäre, das Leben vieler Menschen verändernde Katastrophen zunehmen und die Flüchtlingszahlen allein von 2022 bis 2024 um weitere 8,8 % gestiegen sind (UNHCR, 2023a, S. 6.). In DE, wo die Meinungsbildung der Bevölkerung vorrangig durch Medien und (Partei-)Politik geschürt wird, hat das Thema dazu eine hohe gesellschaftliche Relevanz. Ausgelöst durch die Geschehnisse in der Kölner Silvesternacht 2015 erfährt die bis dahin eher migrationsfreundliche Berichterstattung medial ein negatives Framing durch die Verknüpfung der männlichen Begriffe Migrant und Muslim, was ein zentrales Ergebnis der Studie zur Medienberichterstattung zum Themenfeld Migration der Fachkommission Integrationsfähigkeit ist (2019, S. 16–18). Teile der Bevölkerung wirken enttäuscht, dass sich trotz großer Hilfsbereitschaft, die Erwartung an die schnelle kulturelle Integration (politisch) nicht erfüllt. Wissenschaftlich relevant ist die geplante Forschungsarbeit insofern, als das ein signifikanter Beitrag zur weiteren Sensibilisierung der Sozialarbeitenden für die Problematik der ausgewählten Zielgruppe geleistet werden soll, um letztlich mehr Achtsamkeit für die passgenaue Unterstützung im Alltag durch eine kultursensible Schnittstellen-

---

[1] Das Familiennetzwerk besteht aus mindestens 87 teils direkt verwandten bzw. angeheirateten Personen innerhalb DE in verschiedenen Bundesländern.

bzw. Vermittlungsarbeit zum Sozialsystem entsprechend deren spezifischen Herausforderungen leisten zu können.

1.3 Zielstellung, Forschungsfragen, Methodik und Aufbau der Arbeit

Das Ziel dieser Arbeit ist es, die spezifischen sozialen Themen, Bedürfnisse und Bedarfe arabisch-sprachiger, muslimischer Frauen in DE zu identifizieren und zu verstehen. Durch eine qualitative Befragung dieser Zielgruppe sowie die Analyse vorhandener dt. Broschüren, die auch in arabischer Sprache verfügbar sind, sollen Lücken in der derzeitigen Sozialberatung erkannt und Möglichkeiten zur Verbesserung und Erweiterung der Beratungsangebote entwickelt werden. Daraus ergeben sich für diese Untersuchung drei wesentliche Forschungsfragen:

1) Welche individuellen sozialen Themen und Herausforderungen sind für arabischsprachige, muslimische Frauen in DE von besonderer Bedeutung, und wo liegen ihre spezifischen Bedürfnisse und Bedarfe in Bezug auf soziale Unterstützung und Beratung, und wo gibt es Lücken?

2) Welche deutschsprachigen Broschüren, die auch in arabischer Sprache verfügbar sind, existieren, und welche Themen, Zielgruppen und Geschlechter werden darin angesprochen?

3) Welche Lücken und Verbesserungspotenziale lassen sich aus der Analyse der Broschüren und der qualitativen Befragung ableiten?

Um diese Forschungsfragen strukturiert zu beantworten, wird das qualitative Forschungsprojekt methodisch in zwei Hauptphasen unterteilt. Die erste Phase bildet eine qualitative Befragung, während in der zweiten Phase eine qualitative Dokumentenanalyse durchgeführt wird. In der Befragungsphase sollen als Teilnehmende (TNE) arabischsprachige, muslimische Frauen ab 18 Jahren, die in DE leben, online sowohl in dt. oder arabischer Sprache zu allgemeinen Sozialberatungsthemen als auch zu individuellen sozialen Themen, Bedürfnissen und Bedarfen hinsichtlich sozialer Unterstützung und Beratung befragt werden. Die qualitative Dokumentenanalyse schließt sich danach mit dem Ziel an, online verfügbare Broschüren verschiedener sozialer Einrichtungen, Gesundheitsdienste und Beratungsangebote kommunal, auf Landes- und Bundesebene, die sowohl in dt. als auch in arabischer Sprache verfügbar sind, systematisch zu durchsuchen und nach noch zu definierenden Analysekriterien auszuwerten.

Der sich jetzt anschließende Punkt zwei beleuchtet als theoretischen Hintergrund relevante Theorien, Fachliteratur und konzeptionelle Grundlagen für diese Untersuchung. Der darauffolgende Punkt drei, beginnend mit der Begründung zur Forschungsfrage, beschreibt ausführlich das Forschungsdesign, genauer gesagt die angewendete Methodik. Es wird zuallererst eine Forschungsperspektive eröffnet, die grundlagentheoretische Einbettung der potenziellen Forschungsergebnisse vorgenommen, der sich die Methode zur Datenerhebung, die Entwicklung der Erhebungsinstrumente und als dann das Verfahren zur Auswertung anschließt. Das Verschriftlichen der Forschungsergebnisse und das Beantworten der Forschungsfragen erfolgt in Punkt vier, während unter dem fünften Punkt die

Ergebnisse interpretiert und diskutiert werden. Das Ende bildet das Fazit, welches eine beschreibende Zusammenfassung der wesentlichen Untersuchungsergebnisse darstellt.

2. Theoretischer Hintergrund mit Forschungsstand

Ende 2023 sind lt. United Nations High Commissioner for Refugees (UNHCR) 117,3 Mio. Menschen von ihrem ursprünglichen Wohnort vertrieben und damit auf der Flucht, was den Begriff Flüchtende insofern eingrenzt, als die Flüchtlingseigenschaft bereits anerkannt ist (UNHCR, 2023a, S. 4–5). Von diesen Flüchtenden suchen 6,9 Mio. Asyl in anderen Ländern, d. h. sie stellen dort einen noch zu prüfenden Antrag zum Schutz vor Verfolgung, während 68,3 Mio. schutzbedürftige Zivilisten im eigenen Heimatland aufgrund von Hunger, Konflikten oder/und Katastrophen flüchten müssen, ohne je eine internationale Grenze zu überschreiten. Wird dies dennoch nötig, so führen die meisten Fluchtbewegungen der 37,4 Mio. internationalen Flüchtlinge bei 69 % der Betroffenen unmittelbar in die angrenzenden Nachbarländer.

2.1 Migration und Integration in Deutschland

DE bietet im Jahr 2023 2,6 Mio. Menschen Schutz bzw. Asyl und ist lt. UNHCR das zweitbeliebteste Aufnahmeland für Flüchtlinge nach der weltweiten Nummer eins Amerika (2023a, S. 20). Alle Menschen, die ständig oder zeitweilig ihren bisherigen Wohnort bzw. Lebensmittelpunkt verlegen müssen, sei es national oder international, gehören lt. der Definition der Internationalen Organisation für Migration (IOM) zur Gruppe der Migranten gleichwohl, zu welchem Zweck oder aus welchem Grund diese Verlegung bzw. Migration geschieht oder welchen Status die jeweilige Person hat (IOM, 2019, S. 132–136). Historisch gesehen ist Migration als Wanderung von Menschen, Menschengruppen oder ganzen Völkern schon immer ein Thema, seit es Menschen gibt.

DE große Migrationsperioden verknüpft Heckmann zum ersten mit der Aus- bzw. Einwanderung von (potenziellen) Arbeitskräften von 1880 bis 1945, was klar auf die Industrialisierung zurückzuführen ist, welche zahlreiche ausländische Arbeitskräfte in die vermeintlich attraktiveren Städte zieht (Pull-Faktor), während zu Zeiten der Weimarer Republik und der Weltwirtschaftskrise bis 1931 der Anteil der beschäftigten Ausländer durch schlechte Bedingungen am Arbeitsmarkt (Push-Faktor) rapide absinkt (2014, S. 35–37). Die Einwanderungswellen bis 1961 setzen sich vorwiegend aus Menschen zusammen, welche die neu gegründete BRD der DDR vorziehen oder die im Zuge des beendeten Krieges nach DE zurückkehren (2014, S. 36). Bevor ab den 1990 Jahren die Gruppe der Migranten deutlich vielfältiger in Bezug auf Einwanderungsgründe, Herkunftsländer und Stati wird, lockt die BRD bis Mitte der 70er-Jahre vorwiegend Arbeitsmigranten als Gastarbeiter an (2014, S. 37). Heute leben in DE lt. Statistischen Bundesamt (Destatis) 21,2 Mio. Menschen mit Einwanderungsgeschichte in Privathaushalten, was nach der dt. Definition mit dem Begriff Person mit Migrationshintergrund verbunden ist, der alle Personen umfasst, die selbst oder wo mindestens ein Teil des Elternpaares mit einer anderen als der dt. Staatsbürgerschaft geboren ist, was eingebürgerte, adoptierte und hier geborene Kinder mit erworbener dt. Staatsbürgerschaft inkludiert (Destatis, 2021).

Sind Menschen in ein anderes Land abgewandert, ist kritisch festzuhalten, dass es meist ein politisches Ziel ist, vorerst die Integration, als Begriff verbunden mit zahlreichen positiven und negativen Bedeutungen, im Zielland voranzutreiben (Gögercin, S. 2018, 174). Dazu finden sich internationale, nationale und lokale Regelungen, welche rechtliche, finanzielle und konzeptionelle Rahmenbedingungen festschreiben. International wichtige integrative und inklusive Normen für Zielländer wie DE finden sich zum einen in der Genfer Flüchtlingskonvention (UNHCR, 2015), die weltweit insbesondere Flüchtlinge schützt, während Migranten hauptsächlich völkerrechtlich durch die Allgemeine Erklärung der Menschenrechte der Vereinten Nationen (UN) abgesichert sind (UN, 1948). Die Grundlage auf EU-Ebene bildet, u. a. der von 2016 für 2021 bis 2027 fortgeschriebene Aktionsplan für Integration und Inklusion (EU-Kommission, 2020). In DE greift auf nationaler und lokaler Ebene, der im Jahr 2007 erstellte, in fünf Phasen fortgeschriebene Nationale Integrationsplan (NAP), welcher gleichermaßen Rechte und Pflichten von Migranten definiert und ggf. Sanktionen androht, wenn kein Integrationswille erkennbar ist (Bundesregierung, 2007, S. 12–13). Inhaltlich werden dort zehn wichtige Themenfelder mit Aufgaben und Rollen für alle am Integrationsprozess Beteiligten über Bund, Land, Kommune, Bürgergesellschaft, Wirtschaft, Medien, Wissenschaft, Sozialwesen, Recht, Kultur und Sport festgelegt (2007, S. 4–5). Eine Übersicht über lokale Bemühungen der einzelnen Bundesländer bietet die Expertise von Prof. Dr. Blätte für den Sachverständigenrat dt. Stiftungen für Integration und Migration (SVR) (2017), während ein von der UNHCR entwickeltes Handbuch mit dem Titel „Effektive Integration von Flüchtlingen – Partizipative Ansätze für Beteiligte auf lokaler Ebene" eine praktische Anleitung mit Schlüsselkriterien und Checklisten für die Entwicklung eines Integrationskonzeptes für lokale Akteure bietet (2023b, S. 3).

Solche Integrationskonzepte basieren auf vielen verschiedenen Theorien und Ansätzen, die meist in der Moderne aus historisch, länderspezifischen Basisansätzen weiterentwickelt wurden (Gögercin, 2018, S. 176, zitiert nach Imbusch & Heitmeyer 2012, S. 10ff), was Gögercin exemplarisch an dem für DE geltenden handlungstheoretischen Basisansatz von Esser darstellt, der verschiedene, soziale (Integrations-)Ebenen, und damit Möglichkeiten zur Beteiligung, unter Berücksichtigung der motivationalen Bereitschaft für zu Integrierende, verbindet (2018, S. 177, zitiert nach Esser 2001a, S. 8; Esser 1980; 2000; 2006), welche z. B. zielorientiert im bundesweiten Integrationsprogramm ersichtlich sind (BAMF, 2010). Ein weiterer Versuch der wissenschaftlichen Definition von Integration nach Heckmann führt aus, dass es vor allem darum geht, dass die Gruppe der Migranten eine Verbindung zur Gesellschaft und Bevölkerung des Ziellandes sowie der Kultur aufbaut und sich entsprechend in bestehende Strukturen einpasst (Heckmann, 2014, S. 21), was aber andererseits eine Erwartungshaltung auf eine zu erbringende Anpassungsleistung auslöst. Heckmann berücksichtigt, wie Esser, dass jeder Mensch im Kontext von Migration und Integration hier eine eigene Leistungsbereitschaft bzw. Motivation mitbringt (2014, S. 81), die es zu berücksichtigen gilt und die stark abhängig ist, ob man freiwillig oder gezwungenermaßen seine Heimat verlassen muss, was Heckmann sinngemäß als zeitlich begrenzte Teilintegration bezeichnet, wenn eine Rückkehroption besteht (2014, S. 24). Letztlich entwickelt Heckmann auf Basis von Essers Ansatz die vier sozialen Ebenen zu einem vierdimensional eingeteilten Integrationskonzept weiter, was gleichzeitig ähnlich einem Stufenmodell nur funktionieren kann, wenn sowohl strukturell als auch gesellschaftlich ein Entgegenkommen bzw. eine erhöhte Leistungsbereitschaft des Ziellandes bzw. der Aufnahmegesellschaft vorhanden ist (Heckmann, 2014, S. 78–82; Gögercin, 2018, S. 178–179). Integration ist also entsprechend der vorherigen Ausführungen gleichermaßen eine komplexe Herausforderung als auch die Summe der gesamtgesellschaftlichen Bemühungen aller im Land lebenden als auch der eingewanderten, die sich aus dem globalen Phänomen der Migration ergibt und dank Globalisierung zur Vielfalt von Gesellschaften beiträgt. Zum Gelingen von Integration bzw. Inklusion spielt Soziale Unterstützung und Beratung von Migranten eine zentrale Rolle.

2.2 Soziale Unterstützung und Beratung für Migranten

In DE gibt es dafür ein weltweit einzigartiges Sozialsystem auf Basis der Sozialgesetzbücher, mit zahlreichen sozialen Dienstleistungen und insbesondere institutionellen Anlaufstellen, was eine erste Rahmenbedingung darstellt. Zum zweiten Existieren vielfältige Methoden und Instrumente, wie einzelfallbezogene Unterstützung mit Fallmanagement zur praktischen Ressourcenerschließung im Feld (Wendt, 2018, S. 18) oder partizipative und vernetzende Ansätze in Nachbarschaften, Quartieren bzw. Sozialräumen im Rahmen von Gruppen- bzw. Bürgerarbeit, konzeptionell bekannt als Gemeinwesenarbeit (GWA), genauer gesagt später Sozialraumorientierung (SRO) nach Hinte (Hinte & Treeß, 2014, S. 17–29), die im Kern beratend, unterstützend oder/und begleitend auf die soziale Integration von Exkludierten im Sinne einer gemeinnützigen und i. d. R. steuerfinanzierten Sozialen Arbeit ausgerichtet sind. Galuske führt unter Bezug auf Thiersch aus, dass sich durch das Arbeitsprinzip der Allzuständigkeit und die damit verbundene weitgefächerte Problempalette für Sozialarbeitende methodisch ein großes Spannungsfeld ergibt, welches sich jedoch durch die spezifische Problembearbeitung als Ergebnis eines interaktiven Verhandlungsprozesses mit dem Klienten sowohl in der Vorbereitung als auch in Trennung zur Fallbearbeitung gegenüber anderen Berufsgruppen, wie Therapeuten und Behandlern, eingrenzen lässt (2013, S. 42).

Eine dritte Rahmenbedingung für eine gelingende Soziale Arbeit mit Zielgruppen wie Flüchtlingen oder Migranten bildet, angelehnt an die berufsethischen Prinzipien des International Federation of Social Workers (IFSW), die für Fachkräfte formulierte Berufsethik des Dt. Berufsverbandes für Soziale Arbeit e. V. (DBSH) als Selbstverständnis, Haltung und Handeln der Sozialarbeitenden für die Ausgestaltung des Doppel- bzw. Tripelmandates (DSBH, 2014, S. 24–32). Damit bewegen sich Sozialarbeitende immer im Spannungsfeld zwischen dem Klientenwille und der allseits geführten Effizienzdebatte um Wirksamkeit und Wirtschaftlichkeit der Sozialen Arbeit, während Staub-Bernasconi in der Ursprungsdefinition von Böhnisch/Lösch 1973 im doppelten Mandat vordergründig das Agieren zwischen Hilfs- und Kontrollauftrag des Staates sieht und im Tripelmandat eine weitere, die Professionsdimension hinzufügt, die es Fachkräften ermöglichen soll, eine eigene professionelle Haltung auf Basis der Menschenrechte gegenüber den anderen Dimensionen Gesellschaft, Staat bzw. Institution und Klienten(-gruppen) einzunehmen (Staub-Bernasconi, 2019, S. 85–87). Das Wirken der Professionellen als auch die Ausgestaltung der konzipierten Angebote soll vordergründig dazu dienen, im Allgemeinen den Zugang zu Teilsystemen wie Bildung, Arbeit, Gesundheit und anderen sozialen Dienstleistungen zu erleichtern, um damit auch in Abgrenzung zur sozialen Integration, die (Sozial-)Systemintegration, als Summe funktionierender Teilsysteme, in das Gesamtsystem Gesellschaft zu fördern (Gögercin, 2018, S. 175, zitiert nach Lockwood, 1971), besser noch konzeptionell auf eine inklusive Gesellschaft hinzuwirken.

Betrachtet man nun das Handlungsfeld der Flüchtlings- bzw. Migrantensozialarbeit als rein zielgruppenspezifischen Ansatz, stößt man einerseits auf die Soziale Betreuung für Flüchtlinge in besagten Gemeinschaftsunterkünften und zum anderen auf das sich anschließende Angebot der vom Bund geförderten Migrationsberatung für erwachsene zugewanderte Menschen (MBE), welche informiert und an passende, soziale Träger, Vereine und Institutionen weitervermittelt (BMI, 2024). Für viele Migranten bilden zudem Sprachbarrieren, kulturelle Unterschiede und geschlechtsspezifische Rollenbilder nur einige der Faktoren, die den Zugang zu sozialen Dienstleistungen, wie Sozialberatung, erschweren können. Studien, wie die European Migration Network Study (EMN) zeigen im europäischen Vergleich, dass insbesondere Frauen mit Migrationshintergrund spezifische Bedürfnisse und Herausforderungen haben, die in den bestehenden Unterstützungsstrukturen oft (noch) nicht ausreichend berücksichtigt oder von diesen nicht erreicht werden, was z. B. für Frauen aus Drittstaaten für den Zugang zum abschluss- und ausbildungsorientierten dt. Arbeitsmarkt gilt, wo diese durch fehlende Abschlüsse nicht einsteigen können (2022, S. 18). Arabischsprachige, muslimische Frauen bilden darüber hinaus eine besonders vulnerable Gruppe unter den Migranten in DE. Sie sehen sich oft mit einer Fülle von gleichzeitigen Herausforderungen konfrontiert, die ihre Integration erschweren können. Dazu gehören neben den nachfolgend beschriebenen Sprach- und Verständnisbarrieren, kulturelle und religiöse Faktoren und familienbezogene Herausforderungen, woraus sich schlussendlich Anlässe für Diskriminierung und Vorurteile ergeben (können), was die erschwerte Zugänglichkeit zu (gezielter und strukturierter) Sozialer Unterstützung begünstigt.

2.2.1 Erschwerte Zugänglichkeit durch Sprach- und Verständnisbarrieren

In der Studie Muslimisches Leben in DE (MLD) 2020 bewerten 5.120 interviewte Personen (2021, S. 27) selbst eingeschätzte Sprachkompetenzbereiche wie Hören, Sprechen, Lesen und Schreiben, wobei religionszugehörige sich selbst deutlich schlechter einschätzen als nicht religionszugehörige Personen, denen häufig die Migrationserfahrung fehlt (2021, S. 130–131). Durch die vom BAMF konzipierten, geförderten, modular zu absolvierenden, mehrstufigen, nach Stunden verteilten Sprachintegrationskurse (BAMF, 2015b) kann es passieren, dass gerade ältere arabischsprachige, muslimische Frauen, die noch lange im Herkunftsland sozialisiert und dort komplett (aus)gebildet sind, aufgrund der Belastungen aus Arbeit, Familie und ungünstiger Rollenverteilung[2], schlecht Dt. sprechen, obwohl viele dieser Frauen seit Jahren in DE leben. Das erschwert insbesondere die Kommunikation mit Behörden und die Nutzung sozialer Dienstleistungen. Gleichzeitig ist das dt. Sozialsystem ein unübersichtlicher, antrags- und prozessorientierter, bürokratischer Dschungel, der Sprach- und Verständnisprobleme ebenso wenig verzeiht, wie Unwissenheit, (Verfahrens-)Fehler und Fristversäumnisse. In Kombination mit dem eingeschränkten Zugang zum Arbeitsmarkt bleiben für diese gleichzeitig geringqualifizierte Zielgruppe primär Anlerntätigkeiten mit gar keinen bis wenig erforderlichen Deutschkenntnissen. Hier liegt der Fokus eben nicht auf Sprachintegration durch Austausch mit Kollegen am Arbeitsplatz, da diese teilweise ebenfalls wenig bis gar kein Dt. sprechen oder der Einsatz- bzw. Arbeitsbereich sowie die strukturellen und organisatorischen Arbeitsbedingungen zwischenmenschliche Kontakte zu Kollegen, Kunden oder/und Lieferanten nicht erfordern. In dieser Konstellation muss als letzter Aspekt noch das durch Sprachintegrationskurse angestrebte bzw. erreichte Sprachlevel des Kurses berücksichtigt werden, der mit 600 Stunden für das Sprachlevel A1 und A2 vor allem Alltagswissen und -orientierung ermöglichen soll, während nur 100 Stunden gesellschaftlich relevante Kenntnisse, z. B. zur Rechtslage umfassen und die regional unterschiedliche Angebotsdichte (BAMF, 2015b, S. 15). Neben den dargestellten Sprach- und Verständnisbarrieren sind auch kulturelle, religiöse und geschlechtsspezifische Einflussfaktoren eine große Herausforderung.

2.2.2 Beeinflussende kulturelle, religiöse und geschlechtsspezifische Faktoren

Die Rolle der Frau im Islam und kulturelle Erwartungen können den Zugang zum Sozialsystem, zu Arbeit und Bildung beeinflussen, wie u. a. eine qualitative Befragung geflüchteter Menschen des Institutes für Arbeitsmarkt- und Berufsforschung der Bundesagentur für Arbeit (IAB) bestätigt, welche 123 Flüchtlinge und Migranten aller Geschlechter in ihrer Muttersprache (2016, S. 6) zu zentralen Themen wie Geschlechterrollen befragt. Hier zeigt sich eine deutliche Diskrepanz zwischen dem Frauenbild in DE und im arabischen Raum, was zum einen dadurch bestätigt wird, dass befragte Männer die hier gelebte Gleichstellung von Mann und Frau nur theoretisch mittragen. Befragte Frauen erscheinen zum Interview nur in Begleitung eines männlichen Familienmitgliedes, während die befragten Männer in ihrer Rolle als Familienoberhaupt ein stark beschützendes, aber zugleich entmündigendes Verhalten zeigen (2016, S. 29–31). Diese Divergenz bekräftigt zudem eine Kurzauswertung von Dr. Barbara Thiessen vom DJI, wo das muslimische Bild vom Kind, die vom dt. stark abweichende Erziehung und Betreuung der Kinder bis zur Pubertät sowie geschlechtsspezifische Erziehungsstile für Mädchen und Jungen ab der Pubertät untersucht wurden (BMFSFJ, 2008). Diese

---

[2] Aus der ehrenamtlichen Unterstützung dieser Frauen in der Sozialberatung ist zudem zu beobachten, dass diese Faktoren auch den Zugang zum Kurs an sich, durch z. B. mangelnde Kinderbetreuung oder ungünstige Kurszeiten bzw. einseitige verteilte, familiäre Belastungen erschweren können.

eher (anerzogene) traditionelle Rollenverteilung führt unter muslimischen Religionsangehörigen zu niedrigeren Quoten bei der Erwerbstätigkeit (Pfündel et al., 2021, S. 148–149), wo eine nachfolgende geschlechterspezifische Auswertung für die Gruppe der muslimischen Frauen lediglich eine Erwerbstätigenquote von 41,2 % ermittelt hat. Frauen mit Migrationshintergrund sind mit 42,8 % insgesamt deutlich weniger erwerbstätig als Frauen ohne Migrationshintergrund mit 67,8 %. Das kann zu Spannungen zwischen den traditionellen Rollenbildern und den Erwartungen der Aufnahmegesellschaft führen. Ein ähnliches, deutlich konkreteres Bild zeichnet, unter Einbeziehung der familiären Herausforderungen verbunden mit Haus- und Familienarbeit, die BAMF-Studie zu Geschlechterrollen bei Dt. und Zuwanderern christlicher und muslimischer Religionszugehörigkeit von 2014 mit 3000 befragten Menschen mit und ohne Migrationshintergrund. Muslimische Frauen betreuen deutlich öfter allein (mehr) Kinder (unter 6 Jahren) und das Haus, während die Männer deutlich öfter allein Vollzeit erwerbstätig sind (Becher & El-Menouar, 2013, S. 6–7).

Neben den familiären Verpflichtungen stellen durch Fluchterfahrung verursachte Traumata in vielen Familien zusätzliche Belastungen dar, was eine Erhebung des Bundesministeriums für Familien, Senioren, Frauen und Jugend (BMFSFJ) bestätigt, wonach jeder zweite geflüchtete Mensch in einer ggf. bearbeitungs- oder behandlungswürdigen Form seelisch beeinträchtigt ist[3] (BMFSFJ, 2017, S. 7 zitiert nach Attanayake, 2009; BAfF, 2016; Gäbel et al., 2015). Aus einem geht hervor, dass die medizinische Versorgung nach § 4 und § 6 Asylbewerberleistungsgesetz (AsylbLG) insbesondere in den ersten 15 Monaten bezogen auf die Unterbringung in Gemeinschaftsunterkünften engmaschig, wenngleich stark reglementiert ist, während im Anschluss i. d. R. die Versorgung durch das Sozialgesetzbuch (SGB) XII über Behandlungsscheine, die im Entscheidungsermessen der Mitarbeiter des Sozialamtes liegen, abgedeckt wird[4] (2017, S. 12–19). Neben den dargestellten Sprach- und Verständnisbarrieren und den kulturellen, religiösen und geschlechtsspezifischen Einflussfaktoren fühlen sich viele Menschen mit Migrationshintergrund, insbesondere muslimische Frauen, Diskriminierungen und Vorurteilen ausgesetzt.

2.2.3 Benachteiligende, Diskriminierung und Vorurteile im Alltag

Oft geschehen diese Diskriminierungen durch Äußerlichkeiten, die z. B. religiöse Zugehörigkeit vermuten lassen, was u. a. eine eingeschränkt repräsentative, geschlechterspezifische Studie mit 857 befragten muslimischen Frauen und Männern in DE bestätigt, wovon 79, 2 % weiblich sind, mit den

---

[3] Generell existieren in DE Wartezeiten für eine Psychotherapie, was u. a. die Auswertung der Bundespsychotherapeutenkammer (BPTK) bestätigt, während die noch nicht komplett veröffentlichte Studie zur Evaluation der Strukturreform der Richtlinien-Psychotherapie – Vergleich von komplex und nicht-komplex erkrankten Patienten (ES-RiP) aktuell eine Wartezeit von drei Monaten ermittelt (BPtK, 2021; UKGM, 2023; Ärzteblatt, 2024).

[4] Darüber hinaus ist die Pflichtmitgliedschaft für Personen mit Aufenthaltstitel bzw. Niederlassungserlaubnis u. a. im § 5 Abs. 11 SGB V geregelt.

Ergebnissen, dass 66,4 % Dinge tragen, die eine Religionszugehörigkeit widerspiegeln, während 68,3 % religionsbedingte Vorschriften bei der Kleiderauswahl beachten und sich 842 von anderen deswegen durch als unangenehm empfundene Blicke diskriminiert fühlen (Talhout, 2019, S. 26, S. 41, S. 34). Der Forschungsbericht zu Diskriminierungserfahrungen von Menschen aus muslimisch geprägten Herkunftsländern beschäftigt sich noch einmal explizit mit Alltagsdiskriminierung und greift dafür auf Daten der MLD-Studie 2020 zurück. Von 5151 befragten muslimischen Frauen bei Pfündel et al. (2021, S. 117) tragen ca. 30 % also 1.545,3 ein Kopftuch, was bei 35 % der Frauen zu wahrgenommenen Alltagsdiskriminierungen und Benachteiligungen führt (Stichs & Pfündel, 2023, S. 71). Ferner finden sich diskriminierende, vorurteilsbehaftete Einstellungen bzw. Haltungen auch in der Nachbarschaft, an Schulen und am Arbeitsplatz, was insbesondere die soziale Integration erschwert und das Gefühl der Zugehörigkeit beeinträchtigt. So vermuten Menschen mit Migrationshintergrund, dass die mehrmals monatlich erlebte Alltagsdiskriminierung bei 71,2 % der Befragten aufgrund der Herkunft bzw. Abstammung passiert, während 35 % als Grund ihre Religion und 27,4 % ihren Akzent bzw. die Sprache anführen (Stichs & Pfündel, 2023, S. 31). Um solchen Barrieren, ungünstigen Einflussfaktoren und Benachteiligungen entgegenzuwirken und die Soziale Unterstützung und Beratung für Migranten voranzutreiben, eignet sich als wichtiges Instrument der Sozialen Arbeit die Sozialberatung.

2.3 Rolle der Sozialberatung

Sozialberatung, sozialpädagogisch und sozialarbeiterisch erbracht, hat für die Soziale Arbeit einen hohen Stellenwert und wird für diese Untersuchung im lebensphasenorientierten Handlungsfeld der Sozialen Arbeit für Erwachsene verortet. Die Adressaten haben eine riesengroße Altersspanne vom vollendeten 18. Lebensjahr bis zum Tod und die im Punkt 2.2 ausführlich erläuterte, vielfältige Problempalette durch viele individuelle Lebenslagen. Der Ablauf der Beratung wird durch die Lebensumstände des Klienten und dessen Problem bestimmt.

Formal ist Beratung ein wissenschaftliches Handlungskonzept, welches seine historischen Wurzeln in der Psychoanalyse hat und ein maßgebliches Entwicklungsergebnis von Freuds Arbeit im 19. und 20. Jahrhundert (Jh.) ist (Schubert et al., 2019, S. 17). Neben der Psychoanalyse entwickeln sich, basierend auf Abels Ideen, weitere drei Entwicklungsrichtungen der Beratung in der Kriminologie, Reform- und Heilpädagogik (Schubert, 2019, S. 16, zitiert nach Abel, 1998, S. 25; Schubert 2015a). Drei der vier Stränge haben bis heute theoretischen und konzeptionellen Bestand[5] und lassen sich nach Beratungsauftrag, einem differenzierten Fall- und Problemverstehen ebenso unterscheiden,

---

[5] Dazu zählt Schubert den psychologisch-psychotherapeutischen, den empirisch orientierten, psychologisch-pädagogischen und den lebensweltlichen, sozialökologisch-transaktionalen und systemisch-kontextuellen Entwicklungsstrang (Schubert, 2019, S. 16).

wie nach Methoden und Beratungskompetenz bzw. Beratungsselbstbild der Professionellen in den jeweiligen Fachgebieten (2019, S. 16). So bildet Beratung ein interdisziplinär übergreifendes und verbindendes Element zwischen einzelnen Fachwissenschaften (2019, S. 20–21; S. 36), wie in der Erziehungsberatung, in der oft Psycholog:innen und Sozialarbeitende mit Familien zusammenarbeiten. Dank der theoretischen Entwicklungsleistung von Nestmann Anfang der 1990er-Jahre kann Beratung heute methodisch eigenständig, z. B. in Kombination mit Coaching, Supervision oder Organisationsberatung studiert werden (Schubert, 2019, S. 23; StudyCheck, 2024).

Aus den psychologischen Strömungen und Therapieschulen des letzten Jh. entwickelt sich im weiteren zeitlichen Verlauf zuerst das psychogenetische Störungsmodell und später das bis heute vorrangig auf europäischer Ebene in der Sozialen Arbeit angewendete soziogenetische Beratungsmodell mit dem einerseits aus der Psychologie stammenden sozialökologisch-transaktionalen und systemischen sowie dem ursprünglich aus der Erziehungswissenschaft stammenden lebensweltorientierten Beratungsansatz (2019, S. 11). Alle diese Ansätze setzen auf eine bestimmte Art und Weise die Lebensführung und -qualität der zu Beratenden (teilweise gesellschaftskritisch) ins Verhältnis zur Umwelt und zu anderen Menschen, um Ressourcen und Hilfestellungen zur Lösung von individuellen sozialen Problemen zu erarbeiten und/oder anzubieten.

Während nun das sozialökologisch-transaktionale Beratungsdenken dreidimensional, die psychosoziale Ebene bzw. Gesundheit des Einzelnen und die wechselseitigen Beziehungen (Transaktionen), bestehend aus Ansprüchen und Erfordernissen zur Verbesserung der Passung der Person mit der Umwelt (Person in Environment System (PIE)) herstellt (Schubert, 2019, S. 125), setzen aus der Psychologie kommende systemische Beratungsansätze nicht nur am Klienten, sondern vor allem dem Klientensystem an mit dem Ziel, die Beziehungsqualität in familiären Systemen zu bearbeiten, was wiederum zur Entwicklung der systemischen Sozialen Arbeit, als eigenes Handlungsfeld, mit speziellen sozialen Haltungen, Methoden und Theorien geführt hat (Barthelmess, 2014, S. 109; Herwig-Lempp, 2022, S. 136–138). Generell ist systemisches Denken für diese Arbeit insofern von Belang, dass die Beziehungen zwischen den Migranten und der Gesellschaft des Ziellandes verbesserungswürdig sind, wie in den Unterpunkten von Abschnitt 2.2. bereits theoretisch dargestellt.

2.3.1 Entwicklung der sozialpädagogischen Sozialberatung

Vorläufer der heutigen Sozialberatung bildet die sozialpädagogische Beratung. Maßgeblich für deren Entwicklung für DE ist der Wissenschaftler Hans Thiersch, der Anfang der 1970er-Jahre als Universitätsprofessor gearbeitet hat, wo Theorie als gelehrte Studieninhalte und die Verknüpfung mit der Praxis, also die Arbeit mit den unterschiedlichen Zielgruppen bis jetzt nicht so funktioniert wie heute (Engelke et al., 2018, S. 418–422). Bezogen auf dieses Problem konzipiert er zeitnah den Begriff der Lebensweltorientierung, aus dem von 1986 bis 1992 der lebensweltorientierte (Beratungs-)Ansatz hervorgeht, der sich verstärkt an der Lebenswirklichkeit, also dem gelingenden Alltag, und der Autonomie der Klienten orientiert und zum einen Handlungsspielräume für die Soziale Arbeit eröffnet als auch Zuständigkeiten in Abgrenzung zu anderen Disziplinen begrenzt (2018, S. 423;

426–429). Kritisch ist anzumerken, dass Thiersch gleichwohl wie Hinte, dem Vater der SRO, stets bemüht ist, sein Konzept der Lebensweltorientierung, welches auch zuerst im Rahmen der Kinder- und Jugendhilfe verankert ist, theoretisch zu erklären, zu schärfen, zu entwickeln und abzugrenzen.

Durch die strukturelle Institutionalisierung und der damit verbundenen Professionalisierung der Fachkräfte wird das Konzept vor allem in Komm-Strukturen ein- und umgesetzt, die dann wiederum ihre bisherige Arbeit entsprechend einer konzeptionellen Überarbeitung unter den Aspekten von Prävention, Alltagsnähe, Dezentralisierung, Integration und Partizipation der Klienten und, damit in Bezug auf die Arbeitsfelder wie Beratung konkretisieren (Thiersch et al., 2011, S. 188–190). Das ändert aber nicht unbedingt das Denken der Professionellen in Bezug auf die Klienten und die Arbeitsweise, sondern schafft in diesem Kontext sogar parallele soziale Welten, nämlich die professionelle und die bürgerschaftliche Sozialkultur, die in einem gemeinsamen Sozialraum entstehen (2011, S. 194). Trotzdem ist Thierschs Ansatz, die Lebenswelt der Klienten in die Sozialberatung einzubeziehen, bis heute die wesentlichste konzeptionelle Grundlage einer ganzheitlichen, lebensweltorientierten Sozialberatung, die offen, fachlich, kompetent, partizipativ, integrativ und möglichst unbürokratisch und leicht zugänglich ist sowie klientenzentriert und problemorientiert Partei ergreift, während sie gegenüber der Gesellschaft stets eine Vermittlungsrolle einnimmt (Schwill & Langhorst, 2011, S. 50–51, zitiert nach Nohl, 1949; Sickendiek, Engel & Nestmann, 2002, S. 17f; Galuske, 2009, S. 171f).

2.3.2 Qualitative Standards und fachliche Anforderungen heute

Das untersetzt und bekräftigt der DSBH mit qualitativen, prozess- und ergebnisbezogenen Standards, fachlichen, sachlichen und ausbildungsbezogenen Mindestanforderungen, Zielen, Haltungen und Richtlinien zur hochwertigen Durchführung der Sozialprofessionellen Beratung in DE (DSBH, n.d.). So müssen professionell Beratende fundiertes Wissen zu Beratungsansätzen, Kommunikations- und Gesprächsführungsmethoden vorhalten und über wichtige Kenntnisse im Sozialrecht verfügen. Als Kernaufgabe und -kompetenz ist zum einen das Führen von Gesprächen mit Menschen in unterschiedlichen Lebenslagen essenziell, da initiierte Gespräche bedeutsame funktionelle, vermittelnde und motivierende Eigenschaften haben und dazu beitragen, festgelegte Ziele zu erreichen. Zur theoretischen Untersetzung wird an dieser Stelle auf Widulles Handbuch zur Gesprächsführung verwiesen, wonach auf Basis von historischen Grundlagen nach Lattke in den 1960-er Jahren und den Ausführungen von Wendt und Kleve im Jahr 2017 die Gesprächsführung und damit das Training von entsprechenden Techniken unlängst eine eigene methodologische Einordnung in der Sozialen Arbeit verdient hat (Widulle, 2020, S. 7–8). Zum anderen ist konzeptionell die Anwendung der Lebensweltorientierung ebenso wichtig, wie das Wissen um die Aktivierung von Ressourcen und das positive Befähigen sowie Ermächtigen im Rahmen des Empowerments und der Hilfe zur Selbsthilfe (Wendt, 2015, S. 39–40). So besteht im Rahmen der Ressourcenaktivierung die Aufgabe, subjektiv und objektiv verfügbare Mittel bzw. Quellen durch den Beratenden zur Bewältigung anstehender

Aufgaben oder/und Problemlösungen für den Ratsuchenden sicht- und nutzbar zu machen (Schubert & Knecht, 2015, S. 3–5). Das ist wiederum eng mit einer Reihe von wichtigen psychologischen Ressourcentheorien verbunden, u. a. die im Jahr 1976 von Foa und Foa konzipierte Ressourcenaustauschtheorie, die eine modellhafte Darstellung von Ressourcen ermöglicht (2015, S. 15–16) oder die 1988 entwickelte Ressourcenerhaltungstheorie von Stevan E. Hobfoll, die insbesondere den Verlust von Ressourcen behandelt (2015, S. 10–11), während Beckers Ressourcentheoriemodell (SAR) sowohl die Person als auch die Ressource als (Sub-)System betrachtet, die es miteinander entweder durch wechselseitige Beziehungen oder Abhängigkeiten auf den verschiedenen Systemebenen auszutauschen gilt (2015, S. 19). Durch die vielfältigen Problemlagen erfordert Sozialberatung zudem eine hohe methodische Kompetenz, großes Fachwissen und die Bereitschaft, die Klienten oft durch konfliktreiche, schwierige und manchmal durch Scham oder/und Unsicherheit behaftete Lebens- und Beratungssituationen zu begleiten.

2.3.3 Gesetzliche und strukturelle Rahmenbedingungen

Die Sozialgesetzbücher bieten mannigfaltige Unterstützungsangebote, die sowohl in Form von Beratungs- bzw. Sach- als auch Geldleistungen organisiert sind. Mit Blick auf die Untergliederung ist der Zugang allgemein, thematisch, informativ, notlagen- und zielgruppenspezifisch beginnend ab dem SGB II bis zum SGB XII und SGB XIV, dem Opferentschädigungsgesetz möglich. Außerhalb der Sozialgesetzbücher gibt es nach § 68 SGB I besondere Teile bzw. Gesetze, u. a. das Wohngeld- oder Unterhaltsvorschussgesetz, welches bis zur Integration in die SGB in extra Gesetzen geregelt sind. Das Recht auf Sozialberatung findet sich gesetzlich im Rahmen der sozialen (Ver-)Sicherung im § 14 SGB I, wo bei Inanspruchnahme von Leistungen Rechte einzufordern und Pflichten gegenüber den Leistungsanbietern zu erfüllen sind, was gleichzeitig die Bandbreite als auch die Begrenzung auf die dortigen sozialen Themen vorgibt. Wendt sieht in diesem Zusammenhang erst mal ein Recht für alle auf Beratung nach den Sozialgesetzbüchern, sowohl bezogen auf die Problemlösung als auch über das vorhandene Beratungs- und thematische Informationsangebot, das vorrangig die Sozialleistungsträger ausführen müssen (2012, S. 9). Sozialberatung wird dabei oft weiterführenden Methoden bzw. Konzepten, wie (institutionellen) Fallmanagement vorgelagert, als auch prozess- und ablaufbezogen in die einzelnen Phasen des Fallmanagements integriert (S. 20–21), was auch gleichzeitig als begriffliche Unterscheidung von Sozialberatung und Fallmanagement für diese Arbeit verwendet wird.

Strukturell gibt es sowohl Angebote mit religiösen als auch ohne religiösen Hintergrund. Bezogen auf die Steuerfinanzierung des Leistungsangebotes ist prinzipiell ein Zugang für jedermann auch ohne konfessionelle Bindung möglich, dennoch könnte es bezogen auf unterschiedliche Glaubensrichtungen nahe liegen, dass insbesondere Muslime sich von katholischen oder evangelischen Angeboten nicht genug verstanden oder repräsentiert fühlen. Die Beratungsleistung an sich wird zum einen durch öffentliche Träger wie Arbeitsagentur, Renten- und Krankenkasse, Wohngeldstelle oder

Studierendenwerk erbracht. Zum anderen beraten freie Träger und Verbände wie der Dt. Caritasverband (DCV), das Dt. Rote Kreuz (DRK) oder die Arbeiterwohlfahrt e. V. (AWO). Bezogen auf die Finanzierung ist an dieser Stelle festzustellen, dass ein Rechtsanspruch auf bestimmte Leistungen nur bedingt existiert, z. B. in Form eines Urteils des Bundesverfassungsgerichts (BVerfG) aus dem Jahr 2010, was zumindest jedem Anspruchsberechtigten nach Grundgesetz (GG) das sogenannte Minimum zum Erhalt der physischen Existenz verbunden mit der Teilhabe an Gesellschaft, Kultur und Politik garantiert (BVerfG, Urteil des Ersten Senats vom 9. Februar 2010, -1 BvL 1/09 -, Rn. 1–220). Zum anderen ergibt sich auf Grundlage des sozialrechtlichen Dreiecks bestehend aus öffentlichen, freien Träger und Klient:in ein Rechtsanspruch über den aus Steuereinnahmen erbrachten Finanzierungsumfang, genauer gesagt die bedarfsgerechte, effektive und effiziente Ausgestaltung der Leistung bei den Trägern, weil eine bestimmte, gesetzliche und personenbezogene Leistung, wozu exemplarisch die Familienhilfe nach § 16 SGB VIII zählt, vom freien Träger erbracht wird, während z. B. nur bezuschusste Leistungen, wie bei der Allgemeinen Sozialberatung keinen Rechtsanspruch auslösen (Schwill & Langhorst, 2011, S. 66–70). Ferner findet öffentliche, allgemeine oder spezifische Sozialberatung seine Grenzen oft in der Sachkompetenz bzw. dem Zuständigkeitsempfinden der einzelnen Professionellen, die nur allzu gern weitervermitteln, was auch den Zugang bzw. das Finden des richtigen Ansprechpartners und damit ggf. die Problemlinderung oder -lösung erschwert (Schwill & Langhorst, 2011, S. 60–64).

2.3.4 Bereiche, Zielgruppen und Themen

Um nun die Fülle an Lebenslagen und Problemen individuell abzubilden, haben sich in der Sozialen Arbeit bis heute zahlreiche Beratungsangebote mit unterschiedlichen Schwerpunkten bzw. -bereichen und Adressaten etabliert. Dazu gehören zum einen zielgruppenspezifische Beratungsstellen wie die Schuldner-, Erwerbslosen-, Opfer-, Studierenden-, Familien- oder Elternberatung und die Berufs-, Erziehungs-, Schwangerschafts(konflikt)-, Aids-, Krebs- und Pflegeberatung, die MBE, Schulsozialarbeit und Allgemeine Sozialberatung, welche neben bestimmten Adressaten auch am Prozessbeteiligte, z. B. Angehörige thematisch beraten. Zielgruppenspezifisch setzt die angebotene Sozialberatung in DE oft nur an den Defiziten ihrer potenziellen Klienten[6] an, was die Beratungsperspektive ebenso wie Zugänge in der Praxis stark begrenzt. Liest man Webseiten und Flyer, würde man sich bezogen auf die dortige Beschreibung als jedermann mit (s)einem Problem oder einer Nachfrage gar nicht erst angesprochen fühlen, wie z. B. nachfolgend an der Website der Caritas Leipzig e. V. dargestellt, die klar folgenden zielgruppenspezifischen Begrenzungen vornimmt:

„Wir sind Ansprechpartner für Menschen in verschiedenen sozialen Notlagen, für Wohnungslose oder von Wohnungslosigkeit bedrohte Menschen, für Schuldner, Arbeitslose, Straffällige,

---

[6] Diese Defizitorientierung nach Theunissen beschreiben Schwill und Langhorst als Gegenteil des in der Sozialberatung angewendeten Empowerment-Ansatzes (2011, S. 208-209, zitiert nach Theunissen, 2002, S. 39).

Haftentlassene, psychisch und physisch Behinderte, für Menschen mit geringem Einkommen sowie für Menschen, die von Diktaturfolgen betroffen sind ..."

Die Adressaten vereinen oft multiple Problemlagen, die z. B. durch eine plötzliche physische oder psychische Krankheit, wie eine Suchterkrankung oder/und durch finanzielle Probleme, wie Überschuldung, Erwerbslosigkeit oder/und soziale Armut entstehen, wobei letzterer Aspekt nach Knabes Definition eine Verschränkung aus subjektiver und relationaler Armut darstellt, die z. B. durch biografische Brüche begünstigt oder/und ausgelöst wird, oft verbunden mit dem Nichterreichen persönlicher Ziele in Kombination mit der Erfüllung gesellschaftlicher Normen bzw. Erwartungen oder/und sozialer Ausgrenzung, die situationsbezogen in der Netzwerkperspektive zu betrachten sind (Knabe, 2021, S. 53–55).

Thematisch soll Sozialberatung genau dort greifen, wo Menschen auf die Herausforderungen ihres Alltags in einer immer komplexer und komplizierter werdenden Welt nicht mehr schnell genug reagieren können, ohne z. B. wirtschaftliche Nachteile zu erleiden. Schwill und Langhorst fassen dazu noch einmal eine Bandbreite von Aufgaben zusammen, die im engen Bezug zu den Sozialgesetzbüchern und zur Lebens- bzw. Alltagsbewältigung stehen, was u. a. das Stellen von Anträgen, die Hilfe bei Widersprüchen und die Weitervermittlung zu fachkundigen Stellen bei persönlichen, gesundheitlichen oder rechtlichen Problemen umfasst (Schwill und Langhorst, 2011, S. 53). Diese Themen sind immer eng mit den Zielen, wie Hilfe in Krisen, Bewältigungsstrategien für ein gelingendes Leben bzw. einen gelingenden Alltag verknüpft, was meist einhergeht mit einer zeitlich begrenzten Unterstützung bis zur Wiederherstellung bzw. Verbesserung der Handlungsfähigkeit. In diesem Kontext beschränken sich viele Studien eher auf die Untersuchung von Wirksamkeit der Beratung bzw. Sozialberatung, wie z. B. die Studie von Ansen und Schwarting welche, die Werthaltigkeit und Nachhaltigkeit von Sozialer Schuldner- und Insolvenzberatung im Auftrag der Bundesarbeitsgemeinschaft Schuldnerberatung (BAG SB) erforscht (2015) oder die trägerbezogene Auswertung des Diözesan-Caritasverbandes für das Erzbistum Köln e. V. mit dem prägnanten Titel „Wirkungen der Allgemeinen Sozialberatung" (2021). Ferner liegt der Fokus in anderen Studien eher auf einer Weiterentwicklung des Angebotes bzw. des Zugangs zur Sozialberatung als Onlineberatung, was insbesondere auf die Einschränkungen während der Corona-Pandemie zurückzuführen ist (Davolio et al., 2021).

2.3.5 Sozialberatung als Migrationsberatung

Betrachtet man in diesem Kontext nun die MBE als zielgruppenspezifische Sozialberatung von Migranten genauer, ist es schwer wesentliche inhaltliche Unterschiede festzustellen. Einzig fällt auf, dass die strukturelle und gesetzliche Verankerung an Migrationskurse nach § 45 AufenthG gekoppelt ist, wonach lt. bundesweiten Integrationsprogramm zusätzlich migrationsspezifische Sozialberatung anzubieten ist. Wie in der Sozialberatung gibt es praktisch die gleichen Themen und analoge Ziele, hier nur unter dem Aspekt der Integration konkretisiert. Neben praktischer Hilfe bei bürokratischen Angelegenheiten gibt es emotionale Unterstützung, Orientierungshilfe im neuen gesellschaftlichen Kontext, Anleitungen bzw. Möglichkeiten zur Selbsthilfe. Es wird Alltagsberatung rund um das

Wohnen, die Arbeit und gesundheitliche Fragen angeboten, ebenso wie zu Kinderbetreuungs- und Schulangeboten informiert und weitervermittelt wird. Dazu werden einfache rechtliche Fragen beantwortet. Ebenso soll MBE eigentlich einen gezielten Zugang zur Beratungsmethode des Fallmanagements als eher mehrphasige, gezielte und langfristige einzelfallbezogene Unterstützung ermöglichen. Allerdings hat die Studie zum zehnjährigen Bestehen der MBE ergeben, dass allein 2013 53 % der Fälle allgemein im Sinne der Sozialberatung geklärt wurden (Brandt et al., 2015, S. 40). Kritisch ist zudem anzumerken, dass die Beratenden jeweils 15 % ihrer Arbeitszeit darauf verwenden sollen, die Vernetzung des Beratungsangebotes an sich mit kommunal etablierten Strukturen herzustellen, während weitere 15 % auf die Förderung von interkultureller Öffnung sowie auf Öffentlichkeitsarbeit gerichtet sind, um die MBE letztlich in- und außerhalb der Zielgruppe bekannt zu machen (2015, S. 41–42). Zudem ist die MBE über das BAMF direkt bei den Spitzenverbänden der Freien Wohlfahrtspflege parallel zur bisher beschriebenen Sozialberatung angedockt, wonach von 2005 bis 2015 mit erteilten Zuwendungsbescheid 600 feste Anlaufstellen im Bundesgebiet entstanden sind, die bis 2013 um 413 mobile ergänzt wurden. (2015, S. 50). Die Nutzungsquote ist relativ hoch, wobei hier anzumerken ist, dass jeder auch mehrfache Beratungskontakt gezählt wurde (2015, S. 52–57). 36,5 % der Erstberatungen finden in den ersten drei Jahren nach Erlangung eines Aufenthaltstitels statt, während danach vom vierten bis zum sechsten Jahr die Erstberatungen abnehmen, um dann ab dem zehnten Jahr wieder auf 30 % zu steigen (S. 58). Dennoch zeigen diese Untersuchungen, dass das bestehende Beratungsangebot oft nicht genug auf die Bedürfnisse von arabischsprachigen Migrant:innen zugeschnitten sind. Zwar sind gut 61 % der Beratungen auf Frauen entfallen, wovon allerdings bezogen auf die gesamte prozentuale Verteilung nach Herkunftsländern nur wenige Fälle aus arabischsprachigen Ländern, wie Irak, Syrien, Afghanistan oder Libanon stammen (2015, S. 7; S. 60). Dass MBE auch thematisch nur eine spezielle Form der Sozialberatung ist, zeigt die Häufung beim Schwerpunkt Ausfüllhilfe für Formulare und Herstellen von Kontakten mit 47 % aller Anfragen. Weitere Themen sind Beratungen zu Sozialleistungen mit 21 %, Schule, Ausbildung bzw. Beruf mit 20 % Familie, Gesundheit und Wohnen mit 8 %, während 10 % Fragen zu ihrem Status haben und jeder siebente Beratungsfall Fragen zu Ausländerrecht beinhaltet. Jüngere fragen dabei deutlich häufiger zu Schule, Ausbildung bzw. Beruf und ältere über 64 Jahre regelmäßig nach Sozialleistungen (2015, S. 69–70). Beratungen in dt. Sprache liegen kombiniert mit einer Mutter- oder Drittsprache mit 45 % deutlich höher als die Beratung in Muttersprachen mit nur 36 %, wobei Dolmetschende teils selbstorganisiert und in nur ein Fünftel aller Beratungsfälle bestellt sind (2015, S. 10). Somit ist, anders als vermutet, der Anreiz zum Aufsuchen der MBE nicht die Erwartung einer Sprachmittlung in die jeweilige Landessprache. Damit unterscheidet sich MBE von Sozialberatung nur in dem Punkt der Lenkung der Zielgruppe der Migranten zu vermeintlich spezifischen, themenorientierten Angeboten und durch die unterschiedlichen gesetzlichen Zugänge bzw. Anspruchsvoraussetzungen. Ebenso wie die klassische allgemeine Sozialberatung ist die MBE zum Hinkommen strukturiert.

Abschließend bleibt für den Theorieteil festzustellen, dass aufsuchende Ansätze und Konzepte in der Sozialen Arbeit in DE eher wenig verbreitet sind, obwohl diese historisch eine lange Tradition haben und theoretisch bzw. sozialökonomisch seit den 1920-er Jahren von der Chicagoer Universität entwickelt sind und heute als Vorläufer des modernen Streetwork dienen, wo diese insbesondere bei der Arbeit mit (z. B. süchtigen oder/und obdachlosen) Menschen, die aus unterschiedlichen Gründen in existenziell in Not- oder Schieflagen geraten sind, praktiziert wird (Arbogast, 2021, S. 175–177). Ferner findet man unterschiedliche niedrigschwellige Organisationsformen in der Alten- und Behindertenhilfe, z. B. in Form von Hausbesuchen für Senior:innen, wie die Studie „Schwierige Zugänge älterer Menschen zu Angeboten der Sozialen Arbeit" feststellt (Klein, et al., 2021, S. 18–19; S. 38), in der Familienhilfe als Bestandteil der Kinder- und Jugendhilfe und v. a. durch gesetzliche Grundlagen zum Infektionsschutz im Bereich des Gesundheitsamtes, wo Sozialarbeitende pflichtgemäß gesundheitliche Vor- und Fürsorge für Menschen im Arbeitsfeld der Prostitution anbieten (Steffan & Netzelmann, 2015, S. 99–100).

Zusammengefasst liefert der Theorieteil unter Einbeziehung des aktuellen Forschungsstandes umfangreiche Erläuterungen zum Thema aufsuchende Sozialberatung in der Nachbarschaft: Themen, Bedarfe, Bedürfnisse arabischsprachiger, muslimischer Frauen in DE. Wesentliche Erkenntnisse sind, dass erstens Soziale Arbeit für Migration, Integration und Inklusion durch vielfältige Methoden, Instrumente, Konzepte und Ansätze zuständig ist, dass zweitens Migrations(sozial)beratung nur für Migranten, aber Sozialberatung für jedermann ist, dass drittens in Gemeinschaftsunterkünften die soziale Unterstützung und Beratung sehr intensiv ist, während diese zum Umzug in die eigenen vier Wände abrupt endet, obwohl weiter Probleme bestehen. Die Schlüsselerkenntnis aus diesem Teil ist, das insbesondere arabischsprachige, muslimische Frauen in DE durch unterschiedliche, sozialisationsbedingte, kulturelle, religiöse Faktoren und spezielle familienbezogene Herausforderungen erschwerte Zugänge zum Sozialsystem haben, was den Bedarf an Forschung im Rahmen der formulierten Forschungsfragen bestätigt. Bezogen auf das weitere methodische Vorgehen ist es nun wichtig, diese Zielgruppe qualitativ zu befragen, um herauszufinden, welche individuellen sozialen Themen und Herausforderungen diese hat, während dann bezogen auf die zweite Forschungsfrage nach passenden dt.- und muttersprachlichen Unterstützungsmaterialien gesucht wird, um mögliche Lücken und Verbesserungspotenziale in der Versorgung zu analysieren und zukünftig spezifische Angebote machen zu können.

3. Forschungsdesign bzw. Methodik

3.1 Interesse, Ableitung und Begründung der Forschungsfrage

Die persönliche Motivation für die Forschungsfragen resultiert zum einen aus der Beobachtung, dass die Integrationsbemühungen und -probleme der Familie am aktuellen Wohnort in einem Quartier mit 97 Wohneinheiten in Leipzig-Mitte schwierig bis gar nicht vorankommen. Proportional wächst die Intensität der benötigten lebenspraktischen Alltagshilfe im Jahresverlauf durch vertrauensvolle Kontaktintensivierung und behutsame Nachfragen an, u. a. beim Verstehen von Schreiben, bei Abläufen, Antragsstellungen und Terminorganisation, wofür fünf Einkaufstaschen gesammelter Unterlagen sortiert werden mussten. Nach acht Jahren in DE ist das durch Erfahrungen erworbene Basiswissen[7] zum Sozial- und Versorgungssystem bis jetzt nicht ausreichend, um Aufgaben, wie die Suche nach einem Ausbildungsplatz selbstständig und strukturiert anzugehen. Der Zugang zum Sozialsystem besteht funktional nur als Bedarfsgemeinschaft. Als Schlüsselerlebnis für die Themenwahl gilt das Gespräch zum Suchen und Finden passender Informationen zu den Wechseljahresbeschwerden bzw. der Menopause (arabisch: سن اليأس) der 49-jährigen Mutter, die im Nahen Osten umgangssprachlich als „Alter der Verzweiflung" bezeichnet wird. Das dt. Wort für Menopause oder Wechseljahre ist den weiblichen Familienmitgliedern gänzlich unbekannt. Eine weitere Motivation für die Forschung bildet das herzliche Verhältnis zur Familie, welches vom gegenseitigen Lernen und Verstehen beider Kulturen geprägt ist und stark vom persönlichen Kontakt abhängt. Damit kann erfahrungsgemäß die bisherige Unterstützung nicht einfach in ein mehrphasiges Fallmanagement mit Komm-Struktur umgewandelt werden (Wendt, S. 2018, S. 132), da sich der Zugang zur Familie verkürzt auf der primären, nachbar- bzw. freundschaftlichen Netzwerkebene und nicht auf Fallebene entwickelt hat sowie außerhalb klassischer institutioneller Zugänge. Gegenüber diesen ist außerdem etwas Misstrauen vorhanden, was oft durch Kritik an den vielen qualitativ unterschiedlichen Beratungsauskünften geäußert wird, wodurch die Familie, z. B. schon diverse Nachteile erlitten hat. Ansonsten wäre durch die Fülle der zu unterstützenden Familienmitglieder mit einer extrem langen personal- und kostenintensiven Assessment-Phase zu rechnen, was auf den ersten Blick eher unwirtschaftlich erscheint. Überdies bietet die Familie weder Anlass im Sinne der Sozialgesetzbücher, noch fühlt sie sich als Zielgruppe für so ein institutionell angebahntes Fallmanagement.

Geschaut aus der beruflichen Rolle der Sozialberaterin wächst zusätzlich die Einsicht, dass die Hilfe strukturiert und funktional nur auf mesosozialer Ebene als rein vermittelndes Tertiärnetzwerk zwischen dem Familien- und den sekundären Netzwerken auf makrosozialer Ebene benötigt würde und das bisher allein damit ein riesiger positiver Effekt für die Entwicklungen der einzelnen Familienmitglieder des Familiensystems[8] erzielt werden konnte. Somit ist die Forschung für die zukünftige Soziale Arbeit mit dieser stetig wachsenden Zielgruppe relevant, um langfristig den Zugang zum Sozialsystem durch bessere Transparenz durch (gute, gezielte und ggf. aufsuchende) Sozialberatung zu verbessern.

Das persönliche Erkenntnisinteresse resultiert nun zum einen daraus, dass die bisherige passgenaue, situationsbedingte nachbarschaftliche Unterstützung der Familie hervorragend hilft, sich aber

---

[7] Das führt dazu, dass zu wichtigen Terminen zusätzlich Begleitung stattgefunden hat.

[8] Zum einen kam es zu einer Entlastung der 18-jährigen Tochter, die diese Verantwortung als 11-jährige für ihre Familie übernommen hat und zum anderen ist eine Stärkung der Kompetenz der Mutter zu beobachten, die sich als Familienoberhaupt mehr diesen organisatorischen Dingen zugewendet hat.

z. B. durch geeignete, auf die Bedürfnisse abgestimmte Informationsmaterialien verbessern ließe. Zum zweiten sollen die Ergebnisse dazu beitragen, längerfristig die Lücke zwischen der intensiven sozialen Unterstützung in der Gemeinschaftsunterkunft und dem abrupten Wegfall beim Umzug in die eigene Wohnung mit den noch zu gewinnenden Forschungsergebnissen, z. B. durch eine konkrete Angebotsentwicklung zu schließen, was die Chance auf eine schnellere soziale Integration, also die Aufnahme und Pflege von sozialen Kontakten außerhalb der eigenen Herkunftsgruppe mit Menschen des Ziellands in einem (selbst gewählten) nachbarschaftlichen Wohnumfeld, was sich immerhin 46 % aller muslimischen Frauen aus den fünf Herkunftsregionen wünschen (Pfündel et al., 2021, S. 154–174), vorantreiben würde. Parallel besteht generelles Interesse daran, die Integration der Familie in die Nachbarschaft bzw. den Sozialraum anzuschieben, was durch ein besseres Verständnis für die Themen, Bedarfe, Bedürfnisse arabischsprachiger, muslimischer Frauen in DE gelingen kann. Im folgenden Abschnitt wird erläutert, warum dafür die qualitative Forschungsperspektive in Frage kommt.

3.2 Warum eine qualitative Forschungsperspektive sinnvoll ist

Um wissenschaftlich fundiert zu arbeiten, ist es notwendig, sich entweder zwischen qualitativen oder quantitativen Forschungsdesign zu entscheiden oder beides methodisch sinnvoll zu kombinieren. Dabei ist stets zu beachten, dass beide Methoden jeweils eigene höchst unterschiedliche Herangehens-, Verfahrens- und Auswertungsmethoden mit sich bringen (Przyborski & Wohlrab-Sahr, 2022, S. 123; Blanz, 2015, S. 14). Methodologisch wird in dieser Arbeit die qualitative der quantitativen Forschung vorgezogen, weil aufgrund der bisherigen Erkenntnisse, als auch durch die im familiären Umfeld getätigten einzelfallbezogenen Beobachtungen im Feld nun versucht werden soll durch eine qualitative Befragung sowie die anschließende Dokumentenanalyse, die im Einzelnen vermuteten Zusammenhänge unter Beachtung der anzuwendenden, qualitativen Forschungskriterien weiter zu komprimieren, um diese letztlich in aussagekräftigen Ergebnissen induktiv schließend zu verallgemeinern (Mayring, 2016, S.19). Den fünf wesentlichen Grundsätzen qualitativen Denkens nach Mayring weiter folgend, sollen durch die Erfassung der sozialen Themen, Bedarfe, Bedürfnisse arabischsprachiger, muslimischer Frauen in DE mit dem qualitativen Forschungsansatz problemorientiert deren spezielle subjektive Perspektiven und Deutungen untersucht und interpretiert werden. Perspektivisches Ziel ist es, mit den angewendeten Erhebungsmethoden das Verhalten der Zielgruppe besser zu verstehen. Entsprechend den Merkmalen qualitativer Forschung hat der Forschungsprozess hier einen prozesshaften (zirkulären) und interaktiven Charakter, d. h. die Voreingenommenheit und Parteilichkeit des Forschenden, hier gekennzeichnet durch die Nähe zur Familie und die beobachteten Herausforderungen, sind Bestandteil des Forschungsprozesses und spiegeln die notwendige Nähe zum Untersuchungsgegenstand wider (Lamnek & Krell, 2016, S. 33–39), während die Auswahl, Erhebung und die Auswertung der Daten bezogen auf das Erkenntnisinteresse immer wieder reflektiert werden muss, um mit so wenig wie möglich Aufwand eine gute Wirkung zu erzielen (Baur & Blasius, 2022, S. 9).

Um die Forschungsmethoden als auch Ergebnisse einschätzen zu können, gibt es für beide Forschungsrichtungen, ob quantitativ oder qualitativ, speziell entwickelte Gütekriterien. In Gegensatz zur quantitativen Forschung sind die Gütekriterien für die qualitative Forschung gebunden an einen selbstauferlegten Qualitätsanspruch, der nach Flick eher ein Abwägungs- und Aushandlungsprozess des Forschenden mit den eigenen und den in einem konzeptionell wissenschaftlichen Spannungsbogen diskutierten Ansprüchen ist, während bekannte Ansätze wie kommunikative Validierung, Triangulation und Analytische Induktion nur Empfehlungen in Abhängigkeit von Methode und Forschungsfrage sind (Flick, 2022, S. 535, 545). Mayring legt hier deutlich konkreter nach und formuliert unter Einbeziehung der von Flick als methodenspezifisch eingeordneten Kriterien, der qualitativen Kontrollinstanz bzw. Validierung nach der kommunikativen Erhebung und der Triangulation (Mayring, 2016, S. 146–148, zitiert nach Denzin 1978, Jick 1983 & Fielding/Fielding 1986) weitere vier allgemeinere qualitative Gütekriterien, wie die nachvollziehbare Dokumentation des gesamten Forschungsprozesses, die kriterienspezifische, argumentativ begründete Absicherung der Interpretation, die systematische, aber nicht quantitativ standardisierte, regelgeleitete Bearbeitung der Materie und die räumliche Nähe zum Forschungsgegenstand, die lieber im Alltag statt im Labor zu suchen ist (2016, S.144-146). Entsprechend dieser qualitativen Gütekriterien ist diese Arbeit im gesamten die nachvollziehbare Dokumentation der Forschung. Dem interpretativen Paradigma angemessen, wird die systematische Auswertung der erhobenen Interviewdaten mit der qualitativen Inhaltsanalyse nach Mayring theorie- und regelgeleitet durchgeführt (Mayring, 1985, S. 2; Lamnek & Krell, 2016, S. 448). Die Dokumentenanalyse hat das Ziel, die gefundenen Broschüren systematisch zu kategorisieren und zu analysieren, um das Themenspektrum und die Eignung für die Zielgruppe zu bewerten und mögliche Lücken zu finden. Dafür ist es notwendig, die entstandenen Forschungsergebnisse grundlagentheoretisch einzubetten.

3.3 Grundlagentheoretische Einbindung potenzieller Forschungsergebnisse

Jede empirische Studie soll idealerweise einen wissenschaftlichen Mehrwert mit dem Ziel leisten, dass Forschungsergebnisse zum bereits bestehenden theoretischen Diskurs in dem jeweiligen Fachgebiet beitragen. Ebenso ist eine Einbettung der Forschungsergebnisse im Kontext zum Stand der empirischen Forschung erforderlich. Wenn diese Bachelorarbeit, was aufgrund des eher kleinen Samplings unrealistisch ist, repräsentative Ergebnisse liefern würde, so wären diese weitgefächert nutzbar. Vorrangig sollen nun die Ergebnisse in bestehenden Theorien, Ansätzen und Handlungsfeldern der Sozialen Arbeit verortet und die Datenlage, soweit möglich, anhand entsprechender empirischer Studien abgebildet werden.

In der Sozialen Arbeit knüpft diese Untersuchung direkt ans Handlungsfeld Erwachsene mit der großen Altersspanne vom vollendeten 18. Lebensjahr bis zum Tod an. Die Soziale Arbeit unterscheidet Menschen in diesem Handlungsfeld danach, ob diese sich in oder außerhalb des Erwerbslebens bzw. im Altersruhestand befinden. Im Prinzip sind alle Altersgruppen Zielgruppe der Sozialen Arbeit. Bezogen auf diese große Spanne gibt es als Überblick nur den Bericht der Bundesregierung zur

Lebensqualität in DE, der ausgehend von geführten Bürgerdialogen mit repräsentativ ausgewählten Vertretern der Bevölkerung eine Antwort auf die Frage gibt, wie wir leben wollen (Gut Leben in DE, 2016). Dort ist Migration und Integration ein Querschnittsthema, also eine Dimension von Lebensqualität. Des Weiteren liefert der Migrationsbericht der Bundesregierung 2022 unter Einbeziehung aller Zuwanderungsgruppen fundierte Daten zu Migration und Integration (BAMF, 2024). Die nun zu erwarteten Forschungsergebnisse sollen zum ersten sowohl Sozialarbeitende als auch die Bürgerschaft für die Bedürfnisse arabischsprachiger, muslimischer Frauen in DE sensibilisieren und helfen, deren Themen und Bedarfe besser zu verstehen.

Im Rahmen des langjährig geführten Theoriediskurses soll so zum ersten ein Beitrag zur echten und besseren Beteiligung der Adressaten- bzw. Zielgruppe durch das bessere Verstehen des wechselseitigen Zusammenhangs zwischen Bedürfnissen und Bedarfen entsprechend bestehender bedürfnistheoretischer Ansätze geleistet werden. Im Rahmen der wissenschaftlich definierten psychologischen Sicherheit bietet sich so zum einen die Einbettung der Ergebnisse in Maslows Grundmodell zur Kategorisierung von Bedürfnissen des Menschen an, wo Zugehörigkeit, also der Wunsch nach (gesellschaftlicher) Akzeptanz und Nähe im Aufnahmeland, als soziales Bedürfnis sofort geweckt wird, wenn die physischen Grundbedürfnisse, in DE finanzielle und soziale Sicherheit, befriedigt sind (Clark, 2023, S. 22–23). Zum anderen bieten sich für die Verortung der Ergebnisse partizipative Ansätze, deren Entwicklung historisch bis auf Ideen von Mary Richmond zurückgehen (Debiel & Wagner, 2017, S. 15). Hier tragen die Ergebnisse zur Angebotsentwicklung zu besseren Zugängen und gezielterer Ansprache der Adressatengruppe bei, was Oitner und Thiele entgegen der in Gemeinschaftsunterkünften praktizierten Scheinpartizipation als echte Beteiligungschance sehen – basierend auf den drei theoretischen Ebenen des Politikwissenschaftlers Koopmann aus 2012 (Bpb, 2004), welche die Beteiligung in Demokratie und (Sozial-)Politik, im jeweiligen Sozialraum bzw. auf Gesellschaftsebene sowie im Bildungsbereich bzw. auf dem Arbeitsmarkt umfassen (2017, S. 87–91). Dazu hat die Studie der Robert-Bosch-Stiftung mit dem "Political Participation of Refugees: Bridging the Gaps" 600 Flüchtlinge aus acht Aufnahmeländern und fünf Herkunftsländern[9] zu Möglichkeiten der politisch-formalen (aufgrund von Gesetzen und bezogen auf Institutionen) und nicht-formalen (in selbstorganisierten Netzwerken, außerhalb von Institutionen) Beteiligung befragt, was Oitner und Thiele als konventionelle und unkonventionelle Beteiligung theoretisch ausformuliert haben (2017, S. 88–90). Eine Studie des SVR-Forschungsbereichs arbeitet zudem zur zivilgesellschaftlichen Beteiligung heraus, dass 30 % aller Menschen mit Migrationshintergrund Mitglied in einer gemeinnützigen Organisation, z. B. eine Mitgliedschaft in der Gewerkschaft, in Umwelt,- Kultur,- Freizeit- oder Sportvereinen besitzen (2020, S. 36–37). Die Studie liefert zudem Erkenntnisse

---

[9] Die Gruppe der Befragten stammt aus Afghanistan, die Demokratische Republik Kongo, Somalia, Südsudan und Syrien.

darüber, dass sich die Vereinsmitgliedschaft von Befragten nach Sprachkenntnissen und soziodemografischen Merkmalen wie Geschlecht, Bildungsniveau, Sprachkenntnissen und durch ein deutliches West-/Ost-Gefälle unterscheiden, was bedeutet, dass die Forschungsergebnisse auch dazu beitragen können, die mangelnde zivilgesellschaftliche Beteiligung von selbst zugewanderten Frauen mit Migrationshintergrund speziell im Osten stärker zu fördern.

Zum zweiten liefert die Forschung direkte Ergebnisse, die nach Thierschs lebensweltorientierten Ansatz sofort mit hohem Adressaten-, Realitäts- und Alltagsbezug durch einen sehr einfachen aufsuchenden Zugang zur Sozialberatung punkten (Engelke et al., 2018, S. 423; 426–429). Zugangsbarrieren zu offenen Angeboten mit Komm-Struktur werden, u. a. als problematisch und exkludierend in der Studie „Schwierige Zugänge älterer Menschen zu Angeboten der Sozialen Arbeit" lediglich für die offene Altenarbeit identifiziert (Klein et al., 2021). Nach durchgeführter systematischer Schlüsselwortsuche gibt es eine unzureichende Daten- und Forschungslage und damit eine Lücke generell zur Aufsuchenden Sozialen Arbeit, wo nur wenige Studien auch in Rahmen von nicht zitierfähigen Masterarbeiten, insbesondere als Wirkungsstudien, für den Bereich der Aufsuchenden Arbeit im Streetwork, bei Drogensucht oder mit Bezug zur Sexarbeit vorliegen.

Zum dritten können die Forschungsergebnisse u. U. darüber Aufschluss geben, ob arabischsprachige, muslimische Frauen mehr Autonomie, Zeit und Raum für Entscheidungen benötigen, was in Kombination mit dem Empowerment-Ansatz, dem Befähigen sowie Ermächtigen durch Mobilisierung eigener Ressourcen steht (Wendt, 2015, S. 39–40) und damit langfristig zur Verbesserung der Lebensqualität der Zielgruppe beiträgt. Die Ergebnisse leisten womöglich einen Beitrag zur Erweiterung der Sozialberatung für jedermann (wie im Punkt 2.3.2 beschrieben), um kultur- und sprachsensible Komponenten mit hoher Bedürfnis-, Situations- und SRO. Das wiederum wirkt eventuell weiterer Stigmatisierung und (dauerhafter struktureller) Benachteiligung, z. B. auf Jobsuche entgegen, wo die Studie „Showing Your Religion" mit 2.433 TNE, davon überdurchschnittlich mehr muslimischen, feststellt, dass sich insgesamt kopftuchtragende Muslim:innen in den vergangenen fünf Jahren deutlich mehr auf dem Arbeitsmarkt benachteiligt fühlen (DeZim, 2022). Die Kurzstudie verweist darauf, dass die qualitative und quantitative problemorientierte Datenlage bis 2020/21 nicht ausgereicht hat. Dabei ist die Forschungslage zur Kultursensibilität in Angeboten oder Institutionen der Sozialen Arbeit ebenfalls mangelhaft. Es gibt aktuell eine noch laufende interventionelle, clusterrandomisierte Machbarkeitsstudie Studie zur Kultursensiblen Kommunikation in der Kinder-Onkologie vom Universitätsklinikum Düsseldorf (UKD), wo letztlich das Ziel mit einer Schulungsmaßnahme für die Ärzteschaft ist, die Qualität von Gesprächen mit Eltern und minderjährigen Patienten langfristig zu verbessern (UKD, 2023).

3.4 Forschungsbereich und Untersuchungsgegenstand

Der Forschungsbereich bzw. Untersuchungsgegenstand wird hier in der Definition von Przyborski und Wohlrab-Sahr festgelegt (2022, S. 130–131). Den Untersuchungsgegenstand bilden die Themen, Bedarfe und Bedürfnisse arabischsprachiger, muslimischer Frauen ab 18 bis maximal 67 Jahre in DE, welche in acht bis zehn qualitativen Befragungen zu identifizieren sind. Das Forschungsfeld ist perspektivisch die (aufsuchende) Sozialberatung, die (orts-, genauer gesagt netzwerkbezogen) in der Nachbarschaft bzw. im Sozialraum stattfinden soll. Das Forschungsfeld wird eingegrenzt über die Entscheidung, Personen, die sich bereits im Altersruhestand befinden, nicht anzusprechen und über weitere Merkmale wie die arabische Muttersprache, das weibliche Geschlecht und die muslimische Religionszugehörigkeit. Unter Einbeziehung dieser Ergebnisse und eigener Suchbegriffe wird dann die Verfügbarkeit von dt. und arabischsprachigen Broschüren für soziale Themen geprüft, um mögliche Lücken im Angebot zu erkennen. Am Ende werden aufgrund aller Ergebnisse Verbesserungsvorschläge erarbeitet, um die Unterstützung dieser Zielgruppe weiter zu optimieren.

3.5 Gezieltes Sampling

In der qualitativen Forschung gibt es nach Schaffer und Schaffer drei wesentliche Verfahren zur Stichprobenziehung, zum ersten das Theoretical Sampling nach Glaser/Strauß von 1967, wonach die weiter zu untersuchenden Sichtweisen vom Forschenden nach den zuerst gewonnenen und interpretierten Daten festlegt und bis zur theoretischen Sättigung angereichert werden, während die zweite Methode, das Schneeball-Sampling via Zufallsstichprobe über einen persönlichen Türöffner stattfindet, während die dritte Variante für beide Erhebungsverfahren, das nachfolgend näher beschriebene und angewendete gezielte Sampling ist (Schlegel, J., 2023, S. 12–13, zitiert nach Schaffer & Schaffer, 2019, S. 240–241). Beim gezielten Sampling erfolgt die Auswahl kontrastreich und zweckgerichtet basierend auf spezifischen, vorab ausgewählten Merkmalen oder Kriterien, hier die muslimische Religionszugehörigkeit, die Merkmale arabisch als Muttersprache, die Zugehörigkeit zum weiblichen Geschlecht, die Verteilung der TNE auf möglichst verschiedene Altersgruppen ab 18 bis 67 Jahre als auch, dass die TNE schon mindestens fünf Jahre in DE sind und im Privathaushalt anstatt einer Gemeinschaftsunterkunft leben. Bezüglich der Länder wird ebenso theoretische Vielfalt angestrebt. Das gezielte Sampling dient dazu, möglichst tief ins Thema einzutauchen und viel über die verschiedenen sozialen Themen, Bedarfe und Bedürfnisse zu erfahren. Für die weitere Bestimmung des Samples wird sekundäranalytisch auf die Daten von Pfündel et al. von 2021 zurückgegriffen. Diese Studie weist auf S. 42 von groß nach klein geordnet als fünf wesentlichste Herkunftsregionen für die 5,5 Mio. muslimischen Religionsangehörigen, die Türkei mit 45,1 %, den Nahen Osten mit 19,2 %, den Mittleren Osten mit 8,8 %, SO-Europa mit 19,2 % und Nordafrika mit 7,6 % aus. Davon sind, wie in der Ausgangssituation festgestellt, 48 % muslimische Frauen (2021, S. 48), was einer rechnerischen Verteilung mit je 476.700 auf die arabischsprachigen Länder der Regionen Naher Osten (S. 184) und 184.314 auf Nordafrika (S. 185) entspricht. Zur Region Naher Osten gehören die Länder mit der Amtssprache arabisch Irak, Jemen, Jordanien, Libanon, Saudi-Arabien, Syrien und Vereinigte Arabische Emirate (VAE), während zur Region Nordafrika die Länder mit Amtssprache arabisch Ägypten, Algerien, Libyen, Marokko und Tunesien gehören (Pfündel et al., 2021, S. 20). Die Auswahl der Länder erfolgt nach dem Merkmal Amtssprache arabisch. Der

Gaza-Streifen ist politisch kein Land, sondern palästinensisches Autonomiegebiet mit der Amtssprache arabisch und wird deswegen in diese Auswahl einbezogen. Da der Zugang zur Zielgruppe jedoch im Grund, wie beim Schneeball-Verfahren tatsächlich über einen Türöffner, nämlich die Kernfamilie zugewandert aus dem Libanon erfolgt, welche kulturell bedingt über ein großes Netzwerk mit Kontakten zu arabischsprachigen Familien, insbesondere zugewanderten Frauen und Mädchen aus den Herkunftsländern Libanon, Syrien, Libyen, Gaza-Streifen und zu syrisch-kurdischen Familien unterhält, ist das gezielte Sampling der bessere Weg, um am Ende acht bis zehn Frauen zu befragen. Für die im Anschluss durchgeführte Dokumentenanalyse wird ebenfalls das gezielte Sampling angewendet, weil für die Dokumentenauswahl sowohl dt. und ggf. arabische Suchbegriffe aus den Ergebnissen der TNE der Umfrage generiert und so kombiniert mit eigenen Suchbegriffen als Suche für die Dokumentenanalyse verwendbar sind.

3.6 Datenerhebungsmethode

Die Wahl der Methode für die Datenerhebung beeinflusst die Wahl der Auswertungsmethode. Für die in der ersten Forschungsphase durchzuführende qualitative Befragung eignet sich das Leitfadeninterview unter dem Aspekt so offen wie möglich, so strukturiert wie nötig, was hier als asynchrone Methode in einer schriftlichen Onlinebefragung umgesetzt wird (Ehlers, 2017, S. 4–5, 8–12). Die von Ehlers angeführte Definition, dass online durchgeführte Forschung sich nur einer anderen Übermittlungstechnik während des Datenerhebungsvorgangs bedient, wo das Internet als Zustelltechnologie funktioniert und Daten über Internetserver zwischen Forschenden und Forschungsteilnehmenden ausgetauscht werden, bildet die Grundlage für diese Entscheidung. Für den computerübermittelten Informationsaustausch erhalten die TNE aufgrund der selbst präferierten Kommunikationswege den Link für diese schriftliche Befragung per WhatsApp von den ausgewählten Multiplikatoren (2017, S. 5–6). Kritisch ist zu betrachten, dass über diesen elektronischen Austausch, der das Leitfadeninterview sonst kennzeichnende verbale Austausch und damit die kommunikative, dialogische Interaktion zwischen Fragenden und Befragten fehlt (Loosen, S. 141, zitiert nach Huber & Mandl 1994), wobei Kommunikation nach Ehlers nicht nur stattfindet, wenn alle Beteiligten zur gleichen Zeit an einem Ort genauer gesagt im gleichen Raum sind (2017, S. 8, zitiert nach Merten, 1977, S. 163). Objektiv minimiert sich so die Subjektivität bzw. der Einfluss des Forschenden und fällt nur bei der Erstellung des Fragebogens ins Gewicht. Vorteilhaft ist zudem, dass viele Nachteile eines Face-to-Face-Gesprächs, wie mögliche emotionale Reibungsverluste durch schon bestehende nachbarschaftliche Beziehungen oder gesprächsabkürzende, das sachliche Gesprächsergebnis beeinflussende Prozesse durch zu schnellen Konsens aufgrund des gemeinsamen Vorwissens entfallen (Przyborski & Wohlrab-Sahr, 2013, S. 103–105).

Der halbstrukturierte Leitfaden startet nach Mosers Trichterprinzip mit dem Schreibfluss anregende(n) eher allgemeine(n) Eröffnungs- bzw. Einstiegsfrage(n) und wird zum Ende hinzunehmend detaillierter (Moser, 2022, S. 159). Tendenziell sollen vorrangig offene Fragen zum Einsatz kommen, was den qualitativen Charakter der Forschung unterstreicht. Es kann sinnvoll sein, nach bestehenden Sozialberatungsangeboten sowie Vorschlägen für zukünftige Verbesserungen der Sozialberatung zu fragen. Entsprechend der wissenschaftlichen Güte mahnen Wagner-Schelewsky und Hering zurecht zu Sorgfältigkeit und Genauigkeit, um wirklich gehaltvolle, aussagekräftige Antworten zu erhalten und beleuchten ausführlich die zu beachtenden Vor- und Nachteile von Onlinebefragungen (2022, S. 1052–1054). Nach Fertigstellung soll der Fragebogen, wenn möglich, automatisch ins Arabische übersetzt werden. Die Stimmigkeit der Übersetzung wird mithilfe einer nicht vereidigten Dolmetschenden, die Deutschkenntnisse im Sprachlevel B2 nach Realschulabschluss hat und Arabisch als Muttersprache spricht und schreibt, geprüft. Die TNE entscheiden zu Beginn der Befragung, ob sie die Fragen in Dt. oder Arabisch beantworten wollen, was auf die unterschiedlichen Sprachlevel der Befragten Rücksicht nimmt. Ein Pretest ist durch die Zusammenarbeit mit der Dolmetschenden nicht geplant in der Hoffnung, dass sich Verständnis- und Sprachprobleme so minimieren lassen. Durch das gezielte Sampling wird eine hohe Motivation für die Datenerhebung vorausgesetzt.

Während die schriftliche, asynchron durchgeführte Befragung (Ehlers, 2017, S. 8) in Form eines Leitfadeninterviews eher geeignet ist, die erste Forschungsfrage mit dem Ziel zu beantworten, die individuellen sozialen Themen und Herausforderungen sowie die spezifischen Bedürfnisse und Bedarfe in Bezug auf soziale Unterstützung, Beratung und Versorgungslücken zu identifizieren, ist die im zweiten Teil der Untersuchung verwendete qualitative Dokumentenanalyse bestens geeignet, die zweite Forschungsfrage zu beantworten, nämlich deutschsprachige Broschüren, die auch in arabischer Sprache verfügbar sind, zu finden und im Nachgang nach selbstgewählten Kriterien auszuwerten, z. B. nach Thema, Zielgruppe und geschlechterspezifischer Ansprache.

Im Gegensatz zum reaktiven Verfahren der (schriftlichen) Befragung kommt in der zweiten Phase des Forschungsprojektes eine qualitative Dokumentenanalyse als nicht reaktives Verfahren mit dem Ziel zum Einsatz, die Wechselbeziehungen zwischen Forschungsfeld und Forschenden auszuschalten (Schlegel, 2023, S. 13, zitiert nach Schmidt, 2017, S. 445). Es werden Dokumente in Form von geeigneten, online verfügbaren Drucksachen, wie schon vorhandenen Flyern oder Broschüren gewählt, die je nach Verfügbarkeit von verschiedenen sozialen Einrichtungen, Gesundheitsdiensten und Beratungsangeboten sowohl auf kommunaler, Landes- oder Bundesebene zur Verfügung stehen. Um ausgewählt zu werden, muss jedes gefundene Material als Suchergebnis jeweils identisch in dt. und arabischer Sprache verfügbar sein. Die Suche wird systematisch unter Berücksichtigung der, in der ersten Forschungsphase, generierten Suchbegriffe durchgeführt und es werden zusätzlich eigene Suchbegriffe anhand der klassischen Themen der Sozialberatung verwendet. So erzielt man bei der Dokumentenanalyse eine weitere Auswertungsmöglichkeit hinsichtlich der Vergleichbarkeit der Suchergebnisse und kann Lücken besser erkennen. Die inhaltlichen Kernaussagen der Dokumente sollen später in der Auswertung kurz und zweckmäßig mit eigenen Worten analysiert und nach Mayrings Verständnis interpretativ zusammengefasst werden, um die realen Verhältnisse in der sozialen Beratungspraxis widerzuspiegeln (2016, S. 46–47). Über beide Erhebungsmethoden erfolgt so eine Annäherung an das Forschungsthema, was dem Gütekriterium qualitativer Forschung, der Triangulation entspricht (König, 2016, S. 72). Je nach Erhebungsmethode ist insgesamt ein Zeitraum von drei bis maximal fünf Tagen geplant. Beide Ergebnisteile der Forschung beantworten am Ende die dritte Forschungsfrage, welche ausgehend von den Lücken Verbesserungspotenziale ableitet.

3.7 Entwicklung der Erhebungsinstrumente

Der Leitfaden für die schriftliche Befragung erlaubt es im Voraus geeignete Fragen für die Themen, Bedarfe, Bedürfnisse arabischsprachiger, muslimischer Frauen zu entwickeln. Die Verwendung eines Leitfadens macht es bei der Auswertung möglich, die einzelnen schriftlichen Befragungen untereinander zu vergleichen, weil alle TNE die gleichen Fragen erhalten (Schreier, 2023, S. 256). Folgt man Schreiers skizzierter Vorgehensweise zur Leitfadenentwicklung, so fließen Vorüberlegungen und vorhandenes sozialberaterisches Fachwissen der Forschenden als auch bereits gewonnene Erkenntnisse aus Gesprächen mit der Zielgruppe in die Fragebogenkonzeption mit ein (2023, S. 257). Innerfamiliär häufen sich, z. B. generelle Fragen zu arbeits- und sozialrechtlichen Themen, Abläufen und Prozessen vom eigentlichen Antragsverfahren bis zum Umgang mit Behörden oder anderen Anlaufstellen, wie Kranken- oder Kindergeldkasse. Ausgehend davon wird im Fragebogen, einzusehen im Anhang A, nach sozialen Bedürfnissen als Wünsche der TNE in formalen und nicht-formalen Bezügen gefragt, ebenso werden mögliche Bedarfe als Forderungen abgefragt, hier kontextuell als das, was in einer bestimmten Lage benötigt wird, z. B. ein konkreter Unterstützungsbedarf und nach dem Beratungs- bzw. Informationsbedarf anhand sozialer Themen, die aus dem SGB, angrenzenden Gesetzen und den Familienthemen entwickelt sind. Der Fragebogen untergliedert sich in fünf Bereiche, während sich die Schlüsselfragen im dritten Abschnitt befinden. Um subjektive Bedürfnisse und Bedarfe der TNE zu erfassen, kommen überwiegend offene, den Schreibfluss anregende Fragen zum Einsatz. Nur die Themen bzw. der Beratungs- und Informationsbedarf ist eine geschlossene Schlüsselfrage mit mehreren Auswahlmöglichkeiten. Im fünften Teil werden persönliche Angaben als geschlossene Fragen zur Bestätigung der im Sample definierten Merkmale verwendet. Zu Beginn bestätigen die TNE per Mausklick eine Datenschutzerklärung entsprechend den Vorgaben der IU. Am Ende werden den TNE zwei Interaktionsmöglichkeiten für schriftliche Rückfragen[10] durch die Forschende angeboten. Nach der schriftlichen Online-Befragung folgt die Erhebung der Dokumente für die Dokumentenanalyse anhand der Suchbegriffe aus den angekreuzten Themen der TNE in dt. und arabisch.

Die ausgewählten Dokumente für die Dokumentenanalyse stammen von Organisationen, die Anlaufstellen für die Bürgerschaft sind und auch zum Teil politisch mit Präventions- und Beratungsaufträgen ausgestattet sind, wie die Bundesministerien oder die Bundeszentrale für gesundheitliche

---

[10] TNE können ihre E-Mail-Adresse oder Handynummer zur Kommunikation via WhatsApp hinterlassen.

Aufklärung (BZgA). Alle Dokumente sind nach Schmidts Definition textbasiert, von Autoren verfasst und öffentlich zugänglich, also idealerweise über eine Suchmaschine auffindbar (2017, S. 447). Die für die Forschung relevanten Dokumente wählt die Forschende anhand der Dokumentenqualität bzw. dem Gehalt der ausgewählten Broschüren aus. Des Weiteren werden bei der Auswahl Kriterien wie Legitimität in Bezug zum Herausgeber, die Glaubhaftigkeit in Bezug zum Inhalt und das Erstellungsziel des Dokuments sowie im Kontext die Repräsentativität des Dokuments im Verhältnis zu anderen Dokumenten beachtet (Schreier, 2023, S. 249–250). Das mit der Auswertungshilfe entstehende Korpus an Dokumenten bildet die Basis für die Auswertung.

Tab. 1: Auswertungshilfe zur Dokumentenauswahl für Dokumentenanalyse

Nr.	Suchbegriff der Forschenden	Suchbegriff aus Befragung	Institution	Herausgeber	Autor	Titel	Erstellzeitpunkt (Datum o. Jahr) bzw. Stand	Dokumentenart	Link	Erstellungsziel
1										

Quelle: Eigene Darstellung

3.8 Verfahren zur Auswertung

Die wissenschaftliche Auswertung von Material erfordert es, die richtige Auswertungsmethode sowohl passend zur Erhebungsmethode als auch passend zur Forschungsart zu wählen (Mayring, 2016, S. 134). Das durch die Online-Befragung gewonnene schriftliche Material soll mit der qualitativen Inhaltsanalyse nach Mayring systematisch objektiviert und mit dem Ziel ausgewertet werden, über das persönliche Erfahrungswissen, die subjektive Sicht des Einzelnen und dessen Beziehungen zur Umwelt verallgemeinernde Rückschlüsse zu ziehen (Lamnek & Krell, 2016, S. 447, zitiert nach Mayntz et al., 1974, S. 151). Dabei kann das Material Schritt für Schritt zusammenfassend, erklärend bezogen auf den Kontext oder strukturierend analysiert werden, ohne den Inhalt quantitativ auszuwerten, wie bei der quantitativen Inhaltsanalyse üblich (Mayring, 2016, S. 114–115). Nach Mayring zieht nun das Zusammenfassen immer eine aus dem Material heraus entwickelte, induktive Kategoriebildung nach sich, während deduktiv bedeutet, dass das Material strukturiert anhand angewendeter Kategorien theoriebezogen ausgewertet wird (2016, S. 115). Beiden Methoden können zweckmäßig gemischt werden. Sowohl das induktive als auch das deduktive Verfahren folgen dabei einem definierten Ablauf (2016, S.116-120). Aus dem gewonnenen schriftlichen Material, hier dienen als Auswertungseinheit nur die Ergebnisse der offenen Fragen des Fragebogens, sollen angelehnt an Mayrings Ablaufverfahren und den Z-Regeln induktive Kategorien gebildet werden (Mayring, 2015, S. 71–72), um Rückschlüsse auf die Themen, Bedarfe und Bedürfnisse der arabischsprachigen, muslimischen Frauen zu ziehen. Diese Analyserichtung ist durch die in der Einleitung formulierte erste Forschungsfrage vorgegeben, während der Forschungsstand als theoretischer Hintergrund eine wesentliche Rolle spielt. Im ersten Schritt werden nun die so gewonnenen Daten je Antwort und TNE paraphrasiert. Die entstandenen Segmente bilden die Kodiereinheiten. Die kleinste Analyseeinheit ist die kleinste Texteinheit, also z. B. eine Antwort eines TNE aus einem Wort. Das Material wird generalisiert und reduziert, um am Ende die erste Forschungsfrage zu beantworten.

Für die Gewinnung der Themen für die Dokumentenanalyse bzw. zur Beantwortung der zweiten Forschungsfrage unter Punkt 1.3 muss die dritte Frage des Fragebogens „Wo wünschen Sie sich Unterstützung, um Ihre Lebensqualität bzw. ihre Lebensbedingungen in DE zu verbessern?" auswertungstechnisch nach Themen und nach Häufigkeiten geclustert werden, da eine qualitative Auswertung durch die von der Forschenden vorgegebenen Antworten nicht möglich ist. Das jetzt gewonnene Korpus für die qualitative Dokumentenanalyse wird nach selbstdefinierten Kriterien wie Themen, Zielgruppe, geschlechtsspezifische Ansprache, verfügbare Sprachen und Kerninhalt analysiert, um Lücken zwischen den benötigten Themen und bestehenden Informationsmaterialien zu finden. Nachfolgend finden sich die Forschungsergebnisse, die über Datenerhebung und -auswertung in Beantwortung der drei Forschungsfragen münden.

4. Forschungsergebnisse

4.1 Datenerhebung

Während in der ersten Hauptphase über die Open-Source-Software „LimeSurvey" die Fragen des Leitfadens bis zum 22.07.24 auf dem selbstgehosteten Server der familienfreund KG datenschutzkonform nach Datenschutzgrundverordnung (DSGVO) eingestellt sind (familienfreund KG, 2024), ist die Übersetzung der Fragen im Leitfaden mit Deepl-Translator bis zum 23.07. abgeschlossen. Am 24.07. kontrolliert die Dolmetschende gemeinsam mit der Forschenden in einem mehrstündigen Prozess die Übersetzung der Fragen. Einige Fragen müssen auf Basis eines besseren Verständnisses angepasst werden, was im Anhang A bei der jeweiligen Frage gekennzeichnet ist. Die Befragung ist am 24.07. gegen 14:30 Uhr mit einer geplanten Laufzeit bis 28.07.24 gestartet. Innerhalb der ersten 24 Stunden gibt es vier ausgefüllte Fragebögen. Zu diesem Zeitpunkt sind insgesamt 14 Einladungen mit Zugangscodes über Multiplikatoren verschickt. Die Multiplikatoren haben einmal bei einem Teil der potenziellen TNE nachgefasst. Zum Ende der Befragung am 28.07.2024 haben elf von vierzehn[11] eingeladenen TNE mitgemacht, was die Erwartungen zum Rücklauf weit übertroffen hat. Alle Fragebögen fließen in die Auswertung ein. Das Verhältnis arabisch zu dt. ist nun acht zu drei. Bei einzelnen TNE gibt es seitens der Forschenden schriftliche Nachfragen via Chatinterview über die hinterlassene Kontaktmöglichkeit per WhatsApp oder Verständnisfragen über die Dolmetschende als Vermittelnde, die im Anhang B nachzulesen sind. Um die erhobenen Befragungsdaten

---

[11] Die drei nicht TNE stammen jeweils zwei zu eins aus dem Libanon bzw. dem Gaza-Streifen.

jetzt auszuwerten, ist es in einem Zwischenschritt im Anhang C notwendig, die arabischsprachigen Antworten der TNE ebenfalls automatisch via Deepl-Translator bzw. im Austausch mit der Dolmetschenden ins Dt. zu übersetzen. In Vorbereitung für die Auswertung sind die Fragen mit offenen Antworten der TNE bezogen auf die jeweilige Frage im Anhang D im Zuge der Datenaufbereitung paraphrasiert und schon einmal in bedeutungsträchtige Segmente zusammengefasst, genauer gesagt verallgemeinert[12] (Mayring, 2015, S. 67–68).

4.2 Datenauswertung

4.2.1 Auswertung der schriftlichen Befragungsergebnisse

Zum einen können anhand der TNE allgemeine Aussagen nach dem gezielten Sampling getroffen werden. Das gezielte Sampling ist insofern vorteilhaft, dass es praktisch handverlesene TNE gibt, die den Zugang zum Leitfaden über einen Code erhalten haben. Im Diagramm 1 sieht man, dass nur vier der dreizehn anvisierten Geburtsländer vertreten sind.

Abb. 1: Verteilung der befragten Frauen nach Ländern

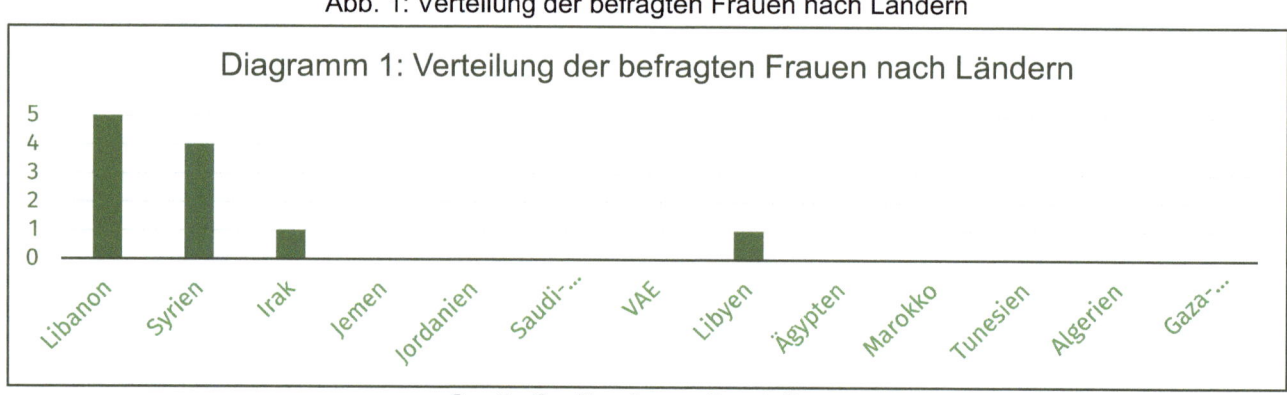

Quelle Grafik: eigene Darstellung

Das Alter der TNE ist im Diagramm 2 abgebildet. Die Gruppe der Befragten besteht zum einen aus sechs sehr jungen Frauen bis 25 Jahre, zwei Frauen ab 40 Jahren und drei Frauen ab 50 Jahren. Lediglich die Gruppe der 30 und ab 60-jährigen Frauen ist unterrepräsentiert. Bezogen auf die Frage, wie lange leben Sie in DE ergibt sich durchschnittlich über alle TNE ein Wert von 8,63 Jahren.

---

[12] Das Abstraktionsniveau verallgemeinert die Paraphrasen, während Reduktion gleiche Paraphrasen streicht (Mayring, 2015, S. 71).

Abb. 2: Verteilung der befragten Frauen nach Alter

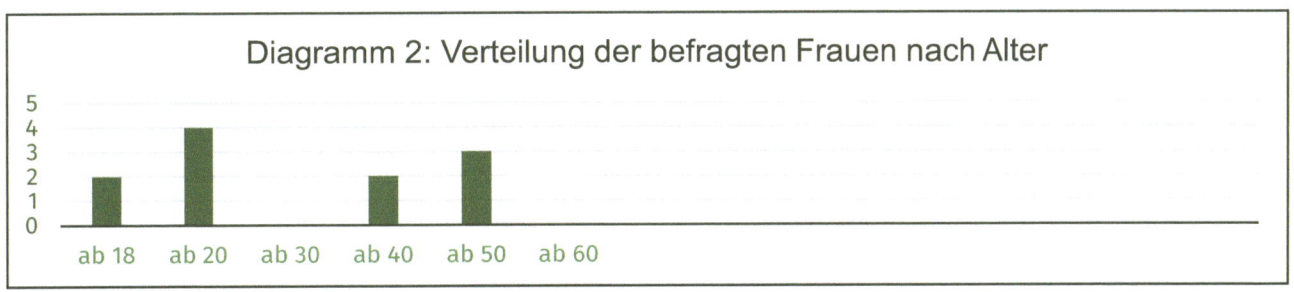

Quelle Grafik: eigene Darstellung.

Im Anhang E findet sich eine einfache Auszählung der Nennungen der zur Frage [G01Q03] „Wo wünschen Sie sich Unterstützung, um Ihre Lebensqualität bzw. ihre Lebensbedingungen in DE zu verbessern?".

Die Auswertung der offenen Fragen der schriftlichen Befragung zur Beantwortung der ersten Forschungsfrage ist Gegenstand der im Anhang F durchgeführten Qualitative Inhaltsanalyse nach Mayring mit einem eigenen Kategoriesystem. Im Rahmen induktiver Kategoriebildung entstehen durch das systematische Bearbeiten des Materials die nachfolgend erläuterten Kategorien und in den Kategorien entsprechend die präsentierten Ergebnisse.

Kategorie 1: Individuelle Schwierigkeiten, Barrieren und Alltagsprobleme

Die TNE leben zum Zeitpunkt der Befragung alle im Privathaushalt und seit 8,63 Jahren in DE. Sieben von elf Interviewten leben zuvor in einer Gemeinschaftsunterkunft, wo es soziale Beratung und Unterstützung für ihre Fragen gibt. Diese Kategorie umfasst individuelle Schwierigkeiten, Barrieren und Alltagsprobleme der TNE seit Umzug in die eigene Wohnung, unterteilt nach vier Ergebnisbereichen. Insgesamt haben elf TNE geantwortet, während einige TNE multiple Problemlagen haben. Für fünf von elf TNE existieren seit Einzug in die eigene Wohnung Wohn-, Kosten- und Nachbarschaftsprobleme, während drei von elf TNE Sprach-, Verständnis- und Anpassungsschwierigkeiten haben. Ebenfalls drei von elf erleben Diskriminierungen. Zwei von elf TNE leiden unter Zugangsbarrieren zu wichtigen Gesundheits- und Behördendienstleistungen sowie zum Arbeitsmarkt.

Kategorie 2: Kontaktbedürfnis, Gemeinschaftsgefühl, soziale Integration

Soziale Integration ist eines der relevantesten politischen Ziele in den Aufnahmeländern. Diese Kategorie spiegelt zum einen das Kontaktbedürfnis nach 8,63 Jahren in DE wider. Dazu wird die Verbundenheit zur Aufnahmegesellschaft abgefragt. Zum Zeitpunkt der schriftlichen Befragung pflegen nur vier von elf TNE berufliche und schulische Kontakte, während sich nur drei von elf TNE sozial integriert und mit Gemeinschaft verbunden fühlen. Fünf von elf TNE pflegen eher wenig Kontakte und trotz Bemühungen bleibt ein Fremdheitsgefühl, während ebenfalls fünf von elf TNE privat eher gleichsprachige Kontakte im Familien- und Freundeskreis bevorzugen.

Kategorie 3: Zusätzlicher Unterstützungsbedarf

Diese Kategorie bildet den zusätzlichen Unterstützungsbedarf ab, den die TNE nach Beantwortung der Auswahlfrage [G01Q03] mit vom Forschenden vorgegebenen Themen mit eigenen Worten ergänzen können. Sieben von elf TNE geben weiteren Unterstützungsbedarf zu folgenden Themen an: bei Wohnproblemen, Diskriminierung, gesetzlichen Schutz von Flüchtlingen, Integration auf dem Arbeitsmarkt, Gesundwerdung und beim Deutschlernen.

Kategorie 4: Inanspruchnahme von sozialen Angeboten, Dienstleistungen oder Programmen

Das Ziel ist es hier einen Überblick zu gewinnen, welche sozialen Angebote, Dienstleistungen oder Programme von den TNE in den vergangenen fünf Jahren gewählt wurden. Zwei von elf TNE nutzen vorwiegend privatwirtschaftliche, schulische und soziale Dienstleistungen, während zwei von elf zudem Social Media- und web-basierte E-Learning-Angebote nutzen. Dagegen nutzen sieben von elf Teilnehmenden gar keine Dienstleistungen in den vergangenen fünf Jahren.

Kategorie 5: Auswahl und Qualität der Unterstützungs- und Beratungsangebote

Wichtig für die Weiterentwicklung von Angeboten und Dienstleistungen, insbesondere bei den Unterstützungs- und Beratungsangeboten in der Sozialen Arbeit, ist die Qualität. Insgesamt antworten hier zehn von elf TNE und geben Auskunft über die Auswahl und darüber, ob die gewählten Angebote ihre Anforderungen und Erwartungen erfüllt haben. Fünf von elf TNE wählen die Angebote eigenhändig im Web oder mithilfe externer Unterstützung aus. Drei bewerten die Angebote als gut bis sehr gut, während drei von elf TNE es schwierig finden, was für die Zielgruppe ausfindig zu machen, untersetzt mit der Begründung, dass aus dt. Sicht gefühlt kein Recht auf Angebote besteht.

Kategorie 6: Persönliche Erfahrungen als arabisch sprechende, muslimische Frau

Persönliche Erfahrungen spiegeln subjektives Empfinden der TNE in DE wider. Die TNE können sich noch einmal fokussiert mit ihren Gedanken und dem Aufenthalt im Aufnahmeland, während der letzten Jahre beschäftigen und reflektieren. Daraus lassen sich wiederum Erkenntnisse für Probleme und potenzielle Bedarfe und Bedürfnisse gewinnen. Zehn von elf TNE haben Antworten geliefert, die im Wesentlichen drei Bereiche umfassen. Zum ersten haben drei von elf TNE gute Erfahrungen bei Zwischenmenschlichkeit und Kooperationsbereitschaft verbunden mit hohen Schutz-, Sicherheits- und Gemeinschaftsgefühl und Respekt für Frauen. Zum zweiten treten bei eins von elf TNE Schwierigkeiten eher individuell, organisatorisch und situationsbezogen auf, während zwei von elf TNE gar keine Schwierigkeiten haben. Zum Dritten erleben anlassbezogen vier von elf TNE ausländerfeindliche Handlungen mit ablehnender Haltung gegen Kopftuch und Sprache.

Kategorie 7: Forderungen und Wünsche an die dt. Gesellschaft

Die Wünsche als Bedürfnisse und die Bedarfe als Forderungen der TNE zu kennen, ist hilfreich, um die nach Heckmann im Punkt 2.1 zu erbringende Anpassungsleistung seitens der dt. Gesellschaft zu wissen und zu gestalten. In Kategorie acht formulieren die TNE ihre Botschaft an die Menschen in DE, die für das Leben und die Teilhabe in der dt. Gesellschaft wichtig sind. Zehn von elf TNE nutzen diese Gelegenheit, ihre Wünsche und Bedarfe zusammengefasst in den drei nachfolgenden Bereichen auszudrücken. Acht von elf wünschen sich tolerante, vorurteilsfreie Begegnung mit muslimischen, heimatlosen und vertriebenen Frauen ohne Diskriminierung und Berührungsängste vor dem Kopftuch bzw. der Religion sowie Schutz und Hilfe für Zielgruppe. Ein von elf TNE wünscht sich Gleichstellung zwischen dt. und muslimischen Frauen, während ein von elf TNE sich kostenlose Bildung für ältere Frauen über 55 Jahre wünscht.

Die zweite Phase der Forschung wird mit der Suche nach den Broschüren abgeschlossen. Die Wichtigkeit für die Suche nach Broschüren wird anhand der Häufigkeit und Themen der Antworten von Frage [G01Q03] vorgenommen. Das Korpus für die Dokumentenanalyse findet sich inklusive der verwandten Suchbegriffe im Anhang G. Zur Auswertung bietet es sich an, die Themen farblich entsprechend den Bereichen Gesundheit nach SGB V, Rente nach SGB VI, Pflege nach SGB XI, Sozialleistungen nach SGB II, SGB III, SGB XII bzw. § 68 SGB I, BAföG, Leistungen nach dem SGB VIII bzw. dem Bürgerlichen Gesetzbuch (BGB) sowie Prävention, Bildungssystem und Bildungsangeboten, dem AufenthG, nach juristischen Themen bzw. Rechtsberatung und Lebens- bzw. Alltagsunterstützung im Anhang E zusammenzufassen. Diese Gliederung orientiert sich zum einen an der im Punkt 2.3.1 dargestellten Abgrenzung zu Anwälten und Behandlern im Rahmen der Lebensweltorientierung der sozialpädagogischen Beratung (Engelke et al., S. 423; 426–429) und zum anderen an der sozialrechtlichen Gliederung bzw. dem jeweils zuständigen Gesetz, das Inhalte definiert. Überdurchschnittlich oft besteht bei den 11 TNE ein Wunsch nach Unterstützung bei der Wohnungssuche, gefolgt von juristischen Themen bzw. Rechtsberatung, Krankheit, dem Bildungssystem mit Bildungsangeboten sowie praktischer Lebens- bzw. Alltagsunterstützung.

Tab. 2: Auswertung Frage [G01Q03] nach Unterstützungsbedarf nach Themen je TNE.

TNE 1: Arbeitsrecht (z. B. bei Streitigkeiten mit dem Arbeitgeber); Berufsorientierung und Ausbildungsplatzsuche; Berufsausbildungsbeihilfe; (3)
TNE 2: Bürgergeld; Ernährung; Wohngeld; Unterstützung bei der Wohnungssuche; Versicherungen (z. B. Haftpflicht, Hausrat, Unfallversicherung, Berufsunfähigkeit); Weiterbildung; Umschulung; Schulsystem, Schulabschlüsse, Schulwechsel; Depression; Stressbewältigung und Entspannung; Freizeit und Freizeitaktivitäten (Ausflüge, Reisen); Mobilität (Fahrplan, Fahrkarten, Rad- oder Autoverleih); Hobbys (z. B. Sport, Reiten, Lesen, Heimwerken, Basteln); (13)
TNE 3: Arbeitsrecht (z. B. bei Streitigkeiten mit dem Arbeitgeber); Ausländer- bzw. Flüchtlingsrecht (alles rund um BAMF und Ausländerbehörde); Migrationsberatung bzw. Beratung für Migranten; Unterstützung bei der Wohnungssuche; (4)
TNE 4: Schlafstörungen; Hobbys (z. B. Sport, Reiten, Lesen, Heimwerken, Basteln); (2)

TNE 5: Mietrecht (z. B. bei Streitigkeiten mit dem Vermieter); Finanzen oder/und Kredite; Unterstützung bei der Wohnungssuche; Freizeit und Freizeitaktivitäten (Ausflüge, Reisen); (4)
TNE 7: Berufsorientierung und Ausbildungsplatzsuche; Sprach- bzw. Integrationskurse; (2)
TNE 8: Familienrecht (z. B. bei Trennung bzw. Scheidung, Umgangs- und Sorgerecht für Kinder); Migrationsberatung bzw. Beratung für Migranten; Sozialhilfe; Beratung zu Schulden (bei finanziellen Problemen); (4)
TNE 11: Arbeitsrecht (z. B. bei Streitigkeiten mit dem Arbeitgeber); Mietrecht (z. B. bei Streitigkeiten mit dem Vermieter); Familienrecht (z. B. bei Trennung bzw. Scheidung, Umgangs- und Sorgerecht für Kinder); Ausländer- bzw. Flüchtlingsrecht (alles rund um BAMF und Ausländerbehörde); Krankheit; Wohngeld; Sozialhilfe; Beratung zu Schulden (bei finanziellen Problemen); Unterstützung bei der Wohnungssuche; Berufsorientierung und Ausbildungsplatzsuche; Berufsausbildungsbeihilfe; Arbeitssuche; schwierige Erlebnisse in ihrem Herkunftsland; Depression; Angstzustände; Schlafstörungen; psychische, psychiatrische oder neurologische Unterstützung; Stressbewältigung und Entspannung; Elterngeld und Elternzeit; Kindererziehung; Streitigkeiten in der Familie; Lebenskrisen; Mobilität (Fahrplan, Fahrkarten, Rad- oder Autoverleih; Freizeit und Freizeitaktivitäten (Ausflüge, Reisen); Hobbys (z. B. Sport, Reiten, Lesen, Heimwerken, Basteln); Hilfe bei Anträgen; Begleitung zu Terminen; (26)
TNE 12: Sozialrecht (z. B. bei Streitigkeiten mit Behörden, wie Jobcenter); Sozialhilfe; Unterstützung bei der Wohnungssuche; Arbeitssuche (4)
TNE 13: Ausländer- bzw. Flüchtlingsrecht (alles rund um BAMF und Ausländerbehörde); Krankheit; Ernährung; Krankenversicherung; Zugang und Nutzung von Gesundheitsdiensten (z. B. Finden von Ärzten, Behandlungen, Krankenhausaufenthalt, Terminorganisation, Angelegenheiten bei der Krankenkasse); Krankenversicherung; Sozialhilfe; Sprach- bzw. Integrationskurse; (8)
TNE 14: Ausländer- bzw. Flüchtlingsrecht (alles rund um BAMF und Ausländerbehörde); Krankheit; Zugang und Nutzung von Gesundheitsdiensten (z. B. Finden von Ärzten, Behandlungen, Krankenhausaufenthalt; Terminorganisation, Angelegenheiten bei der Krankenkasse); Unterstützung bei der Wohnungssuche; Sprach- bzw. Integrationskurse; Altwerden in DE; (6)

Quelle: eigene Darstellung

Die im Anhang E dargestellten Themen sind farblich in den nachfolgenden Bereichen geclustert und hier nach Häufigkeit der Nennung abgebildet:

Tab. 3: geclusterte Auswertung Frage [G01Q03] nach Themenbereich bzw. Häufigkeit der Nennung.

Häufigkeit	geclusterter Themenbereich	Farbe
18	Lebens- bzw. Alltagsunterstützung	
17	Gesundheit nach SGB V	
14	Sozialleistungen nach SGB II, SGB III, SGB XII bzw. § 68 SGB I, BAföG	
12	Juristische Themen bzw. Rechtsberatung	
9	Bildungssystem und Bildungsangebote	
2	Kinder- und Jugendhilfe nach SGB VIII bzw. BGB	
2	MBE nach AufenthG	
1	Prävention	
1	Pflege nach SGB XI	
0	Rentenversicherung nach SGB VI	

Quelle: eigene Darstellung

Gar kein Unterstützungsbedarf besteht hingegen bei den Themen Arbeitslosengeld, Rentenversicherung, Kinderzuschlag, Kindergeld, Unterhaltsvorschuss, Wohnungsfragen (Miete, Betriebskosten(abrechnung), Stromanschluss, Nachsendeauftrag), schwierigen Erlebnissen auf der Flucht nach DE, Sucht, Pflege von älteren Familienmitgliedern, Sexualität, Verhütung, Trennung oder Scheidung, den Wechseljahren bzw. der Menopause und zu Tod bzw. Trauer.

4.2.2 Auswertung der Dokumentenanalyse

Alle Suchen sind mit dem Google Chrome auf einem normalen Laptop, einem Lenovo Think Pad, im Inkognito-Modus durchgeführt, um Suchergebnisse durch lokale Suchpräferenzen der Forschenden nicht zu verfälschen. Die Suche wird auf wesentliche Suchbegriffe aus Ergebnissen der Befragung begrenzt (Anhang F), um den themenbezogenen Unterstützungsbedarf mit eventuell verfügbaren Broschüren abzugleichen.

Broschüre Nr. 1: "Willkommen in DE" oder مرحبا بكم في ألمانيا | نشرة معلومات للمهاجرين والمهاجرات مرحبا بكم في ألمانيا

1a) Der erste Suchbegriff „Broschüre Unterstützung bei der Wohnungssuche" (Anhang F: 1a) liefert das Suchergebnis "Auf Wohnungssuche in DE": Ein Ratgeber für Migrantinnen und Migranten, der jedoch nur in Russisch, Ukrainisch, Englisch auf der Website des Bundesministeriums für Wohnen,

Stadtentwicklung und Bauwesen (BMWSB) angeboten wird (BMWSB, 2024). Das verwendete Suchergebnis für die Dokumentenanalyse ist das achte, was die Broschüre "Willkommen in DE" ausgibt, die auch in arabischer Sprache vorhanden ist.

1b) Der verwendete arabische Suchbegriff الكتيبا لدعم في العثور على سكن liefert leider kein vergleichbares Ergebnis zu 1a im Anhang F, da das Wort Broschüre im Arabischen mit Handbuch übersetzt wird. Das achte Suchergebnis ist somit das "Handbuch DE", was von der EU bzw. vom Bund gefördert ist und nur brauchbare Online-Informationen zum Thema Wohnungssuche liefert (Neue deutsche Medienmacher*innen e. V., 2024a).

Die Broschüre "Willkommen in DE" enthält alltagserleichternde Unterstützungsangebote, Telefonnummern, Kontaktadressen, wo es Informationen und Beratung gibt (BAMF, 2021, S. 8–9). Die relevanten Suchinformationen zur Wohnungssuche finden sich dort im Abschnitt sechs unter (Wohnungssuche bzw. السكن) von S. 56–58. Inhaltlich beschränkt sich die praktische Hilfe auf allgemeine, eher oberflächliche Verweise zur Suche im Internet, Zeitungen, Inanspruchnahme eines Maklerbüros oder die Kontaktaufnahme zum regionalen Wohnungsamt. Der Wohnungsmarkt in DE wird nicht kontextbezogen erläutert, sodass diese praktischen Hilfen großen Städten, wie München, Berlin oder Leipzig aufgrund von begrenzten Angeboten an Wohnungsgrößen, diversen Preiskategorien oder/und Präferenzlagen kurzfristig sehr schwierig umzusetzen ist. Es fehlt z. B. der Hinweis auf Anlaufstellen, wie Wohnungsunternehmen, Genossenschaften oder Privatvermietende, wie es in der Broschüre „Auf Wohnungssuche in DE" enthalten ist (BMWSB, 2024, S. 8). Ferner liefert die Broschüre „Willkommen in DE" zu weiteren gesuchten Themen der befragten Frauen Auskünfte. Dazu gehören Ergebnisse zum Suchbegriff Arbeitsrecht (قانون العمل) mit Fokus auf Arbeitszeit, Urlaub und Krankheit (S. 53–55) mit dreifacher Nennung, Sprach- und Integrationskurse (دورات اللغة والاندماج) bzw. مركز الاستشارات (دورة الاندماج: تعلم اللغة وأشياء أخرى) mit einer Häufigkeit von drei Nennungen (S. 16–20), MBE (حول الهجرة للمهاجرين البالغين) mit zweifacher Nennung (S. 22–26), Informationen zum Suchbegriff Ausländer- und Flüchtlingsrecht (قانون الأجانب واللاجئين (كل ما يتعلق بسلطة مكتب شؤون الأجانب والأجانب) mit dem Fokus auf Aufenthalt (الإقامة والتجنيس) und Einbürgerung (S. 30–38) mit vierfacher Nennung, Informationen zu Arbeit und Beruf, insbesondere zur Berufsberatung, zur Berufsorientierung und Ausbildungsplatzsuche (الاستشارات المهنية، والوساطة في توفير فرص التدريب المهني والعمل) (S. 42) sowie zusätzlich noch einmal zur Berufsausbildung (S. 88) mit dreifacher Nennung, Berufsausbildungsbeihilfe (بدل التدريب المهني) (S. 89) zur Arbeitssuche mit je zweifacher Nennung, zu den Suchbegriffen Weiterbildung und Umschulung (علاوة الوالدين والإجازة الوالدية (التأهيل المهن / إعادة التدريب) S. 45–50), zum Suchbegriff Elterngeld und Elternzeit (النزاع، والأزمات والعنف / النزاعات في الأسرة (إجازة الوالدين وبدل الوالدين) (S. 71–74), zu Streitigkeiten in der Familie (النظام المدرسي، ومؤهلات التخرج من المدرسة، وتغيير) في الأسرة (S. 79) zum Schulsystem mit Schulabschlüssen (نظام المدارس وأنواعها في ألمانيا / المدارس) mit je einfacher Nennung durch die TNE (BAMF, 2021).

Broschüre Nr. 2:

2a) Der dt. Suchbegriff "Ausländer- und Flüchtlingsrecht" (Anhang F: 2a) ergibt auf Position sechs ein Suchergebnis für eine Broschüre vom BAMF, die Informationen nur auf Dt. oder Englisch zu den

Verfahrensschritten und rechtlichen Grundlagen des dt. Asylverfahrens liefert. (BAMF, 2023a). Das Thema der Broschüre ist Asyl- und Flüchtlingsschutz. Allerdings ist die Broschüre nicht konkret zielgruppenspezifisch an flüchtende Menschen bzw. Zugewanderte (Frauen) adressiert, sondern allgemein formuliert und für jede interessierte Person nutzbar, die sich über das Verfahren informieren will. Die wesentlichen Themen sind die Ankunft in DE und der Weg zum Asylverfahren, die Bearbeitung der Anträge durch das BAMF, der Umgang mit unbegleiteten Minderjährigen, Eigenheiten des Asylverfahrens und die Kooperation auf europäischer Ebene. Auf der Seite des dt. Suchergebnisses wird im Fuß auf eine Variante in neun anderen Sprachen[13] mit dem Titel Ablauf des dt. Asylverfahrens (DIN A4) hingewiesen (BAMF, 2019)

2b) Der arabische Suchbegriff (Anhang F: 2b) liefert kein vergleichbares Suchergebnis zu 2a. Im Suchranking auf den ersten fünf Positionen gibt es nur Ergebnisse in Form von Online-Informationsseiten des BAMF zum Thema Asyl (BAMF, 2023b), von handbookgermany.com mit dem Titel أنواع الإقامة التي تُمنح لطالبي اللجوء في (in Dt.: Aufenthaltsarten für Asylbewerber in DE) (Neue deutsche Medienmacher*innen e. V., 2024b) und von Migrando.de zum Thema § 1 بديل (2) 25 المادة AufenthG: 8 معلومات مهمة عن وضع اللاجئ! (in Dt.: § 25 Abs. 2 Alternative 1 AufenthG: 8 Wichtige Informationen zur Flüchtlingseigenschaft) (Migrando Rechtsanwälte, 2024).

2c) Der Suchbegriff كتيب عن قانون الأجانب واللاجئين liefert auf Platz sechs ein zweites verwertbares Suchergebnis insofern, als die Antidiskriminierungsstelle (ADS) einen Ratgeber für Flüchtlinge in arabischer Sprache mit dem Titel „Schutz vor Diskriminierung in Deutschland: Ein Leitfaden für Flüchtlinge und Migranten." (دليل إرشادي للاجئين والمهاجرين الجدد الحماية من التمييز في ألمانيا) anbietet (ADS, 2017). Der Ratgeber bildet verschiedene Lebenssituationen, wie bei einer Kontoeröffnung, bei Ärzten, in Job, Freizeit oder bei der Wohnungssuche ab und erläutert, wie man sich gegen Diskriminierung schützen kann.

Broschüre Nr. 3:

3a) Der dt. Suchbegriff Broschüre Sozialhilfe (Anhang F: 3a) liefert als Suchergebnis eine Broschüre des BMAS mit dem Titel „Sozialhilfe", die aber nicht in Arabisch zur Verfügung steht jedoch ziemlich konkrete Informationen zur Sozialhilfe bzw. Altersgrundsicherung nach dem SGB XII enthält (BMAS, 2023a).

3b) Der gleiche Suchbegriff (Anhang F: 3b) „Broschüre Sozialhilfe" in Arabisch كتيب المساعدة الاجتماعية bringt im ersten Suchdurchlauf auf Platz zwei veraltete PDFs zu Sozialen Hilfen von 2018 aus einer scheinbar veralteten Website, die hier nicht ausgewählt wird.

---

[13] Arabisch - اللغة العربية, Dari - درى, Englisch - English, Farsi - فارسى) I, Französisch - Français, Kurdisch-Kurmandschi - Kurdî, Kurdisch-Sorani - كوردی, Paschto - پښتو, Russisch - Русский, Türkisch - Türkçe verfügbar.

3c) Der modifizierte von Google vorgeschlagene Begriff المساعدة الاجتماعية PDF bringt leider auch kein passendes Suchergebnis für arabischsprachig Suchende. Ein zweiter Durchlauf (Anhang F: 3c) mit dem alternativen Suchbegriff „Broschüre Sozialleistungen Deutschland" (in Arabisch: كتيب المزايا الاجتماعية ألمانيا) bringt als Ergebnis auf dem zweiten Platz wieder die Broschüre Sozialhilfe und auf dem dritten Platz die Broschüre des BMAS „Soziale Sicherung in Deutschland", die eine Überblick über die Sozialleistungen in Deutschland bietet und auf S. 158 zur Sozialhilfe informiert aber bedauerlicherweise nicht auf Arabisch verfügbar ist (BMAS, 2023b).

Broschüre Nr. 4:

4a) Der Suchbegriff "Broschüre Krankheit Deutschland" (Anhang F: 4a) liefert als siebentes Suchergebnis, den Shop der BZgA, die in DE national für gesundheitliche Prävention und Aufklärung zuständig ist. Der Suchbegriff liefert im Shop mit dem gesetzten Filter deutsch[14] und Broschüre 310 Suchergebnisse, u. a. eine Broschüre zu Kopfläusen, zum Kiffen, zum Alkoholismus, zu Diabetes-Typ-2, zu Atemwegs-, Ess- und Zwangsstörungen, zu Medikamenten, zum Altwerden usw. Da das Thema Krankheit viele Facetten hat, wird hier exemplarisch die Broschüre „Ganz einfach gesund bleiben: Tipps für das Hygieneverhalten" für die Dokumentenanalyse in Dt. verwendet (BZgA, 2016). Die BZgA richtet diese Broschüre an vielfältige Interessenten unterschiedlicher Bereiche, wie interessierte Bürger:innen, Beratungsstellen, Fachkräfte, Lehrer:innen, Familie, Erziehung und Bildung, Kommunale Gesundheitsförderung, Gesundheit und Flucht und Ärzt:innen. Wählt man das Schlagwort Gesundheit und Flucht, findet man unter https://shop.bzga.de/materialien-fuer/gesundheit-und-flucht/ eine Reihe weiterer spezifischer Materialien für Menschen mit Migrationshintergrund. Die gleiche Suche auf der BZgA-Seite mit dem Filter arabisch liefert insgesamt 48 Suchergebnisse, davon 25 Broschüren, 2 Plakate, 1 PDF, 1 Medienpaket, 9 Flyer und 1 Sonderformat.

4b) Der Suchbegriff "Broschüre Krankheit Deutschland" übersetzt ins Arabische كتيب أمراض الأمراض ألمانيا bedeutet hier sinngemäß: Handbuch der Krankheiten Deutschland und liefert als erstes Suchergebnis mit dem Titel "Arabisch" ein Suchergebnis zum Bundesministerium für Gesundheit (BMG) unter https://www.migration-gesundheit.bund.de. Diese Seite liefert eine Übersicht mit 124 mehrsprachigen Suchergebnissen in unterschiedlichen Formaten, wie Flyer, PDF, Broschüre etc. Da sind auch die Materialien der BZgA wieder mit dabei, ebenso wie die Broschüre "Willkommen in Deutschland".

Für die Analyse werden die BZgA-Broschüre analog zu 3a in Arabisch (BMG, 2024) ausgewählt, die noch in Türkisch, Russisch und Englisch verfügbar ist. Als weitere wichtige Broschüre zum Thema Krankheit wird auf der Seite des BMG die Broschüre „Gesundheit für alle: Ein Wegweiser durch das

---

[14] Die BZgA bietet ihre Materialien auch in Albanisch, Arabisch, Bulgarisch, Englisch, Französisch, Kroatisch, Niederländisch, Persisch, Polnisch, Romanes, Rumänisch, Russisch, Tschechisch, Türkisch und Ukrainisch an.

dt. Gesundheitswesen" (الصحة للجميعدليل إرشادي عابر للشؤون الصحية الألمانية), welche grundlegend über die dt. Krankenversicherung(sarten), das medizinische Versorgungssystem, Maßnahmen zur Gesundheitsvorsorge, u. a. mit dem Schwerpunkt Frauengesundheit (صحة النساء) und zur Pflegeversicherung informiert. Diese Broschüre richtet sich also auch explizit an arabischsprachige, muslimische Frauen und gibt überblicksartig Auskunft zum Besuch und zur Verschwiegenheitspflicht von Frauenärzten, zu Schwangerschaft und Geburt oder zu Möglichkeiten eines Schwangerschaftsabbruches (BMG, 2022, S. 36–37). Das Thema Krankheit ist eng verbunden mit dem zweiten Aspekt, dem Zugang und der Nutzung von Gesundheitsdiensten (العناية والإمداد الطبي), was insbesondere das Finden von Ärzten, Behandlungen, einem Krankenhausaufenthalt, der Terminorganisation und Angelegenheiten bei der Krankenkasse umfasst, was von den TNE benannt ist. Hier bietet diese Broschüre Informationen zu Hausbesuchen und zur Terminvereinbarung bei Ärzten über die Terminservicestelle (TSS) der Kassenärztlichen Vereinigungen, zur Schweigepflicht von (Zahn-)Ärzten, zum Arztgespräch, zum Krankenhausaufenthalt und dem Krankenhausaufenthalt enthält (2022, S. 10–23).

Broschüre Nr. 5:

Im Bereich Lebens- bzw. Alltagsunterstützung liegt den TNE jeweils mit drei Nennungen die Bereiche Freizeit und Freizeitaktivitäten (Ausflüge, Reisen), Hobbys (Sport, Reiten, Lesen, Heimwerken, Basteln) und mit jeweils zwei Nennungen Mobilität (Fahrplan, Rad- oder Autoverleih) am Herzen. Dazu gibt es regional sehr unterschiedliche Angebote, die von Bundesland zu Bundesland variieren.

5a) Der Suchbegriff "Broschüre Freizeit und Freizeitaktivitäten" (كتيب أنشطة الترفيه والتسلية السفر والسياحة) liefert gar keine inhaltsadäquaten, arabischsprachigen Ergebnisse. Für den dt. Suchbegriff gibt es ein Ergebnis mit der Broschüre des ADAC "Die schönsten Wochenendziele in Deutschland: Perfekte Kurztrips zu jeder Jahreszeit". Die Broschüre enthält Tipps für Ausflüge zu jeder Jahreszeit mit insgesamt 20 Zielen in DE, vom Wattenmeer bis in die dt. Alpen (ADAC, 2023).

5b) Der Suchbegriff „Broschüre Hobbys in Deutschland" liefert leider ebenso keine verwertbaren Suchergebnisse zu Broschüren, die Hinweise auf die Freizeitgestaltung in Form von Hobbys informieren.

5c) Der Suchbegriff „Broschüre Breitensport Deutschland" liefert als 16. Suchergebnis die Broschüre Zeit für Bewegung "Bewegung und Sport – Elterninfo" der BZgA, die bedauerlicherweise aber nicht in arabischer Sprache verfügbar ist (BZgA, 2023).

4.3 Beantwortung der Forschungsfragen

Die umfangreiche Datenauswertung aus beiden Forschungsphasen ermöglicht es nun hier die Forschungsfragen abschließend zu beantworten und damit wichtige Ergebnisse zusammenzufassen.

1) Welche individuellen sozialen Themen und Herausforderungen sind für arabischsprachige, muslimische Frauen in DE von besonderer Bedeutung und, wo liegen ihre spezifischen Bedürfnisse und Bedarfe in Bezug auf soziale Unterstützung und Beratung und wo gibt es Lücken?

Mit Blick auf die im Kapitel 4.2.1 ausgewerteten Daten der schriftlichen Befragung lässt sich feststellen, dass arabischsprachige, muslimische Frauen vielfältige Themen, Bedürfnisse und Bedarfe haben, die diese unterschiedlich stark beschäftigen, aber in Summe die Lebensqualität in DE beeinträchtigen. Es gibt zum einen individuelle soziale Themen, die sich aus individuellen Schwierigkeiten, Barrieren und Alltagsproblemen, dem tatsächlichen Kontaktbedürfnis, erlebten Gemeinschaftsgefühl und der sozialen Integration, der Diskrepanz zwischen benötigten (zusätzlichen) und erlebten Unterstützungsbedarf beim Zugang und der Inanspruchnahme von sozialen Angeboten, Dienstleistungen oder Programmen sowie den persönlichen Erfahrungen als arabisch sprechende, muslimische Frau in DE ergeben, woraus wiederum Bedürfnisse und Bedarfe als Botschaft an die dt. Gesellschaft formuliert werden. Besonders bedeutsam sind individuelle Schwierigkeiten, Barrieren und Alltagsprobleme in DE, die mit dem Einzug in die eigene Wohnung und dem Wegfall der bisherigen sozialen Beratung und Unterstützung verbunden sind. Die Lebensqualität beeinflusst zum einen Wohn-, Kosten- und Nachbarschaftsprobleme, Sprach-, Verständnis- und Anpassungsschwierigkeiten, Diskriminierungen im Alltag und Zugangsbarrieren zu Gesundheits- bzw. Behördendienstleistungen sowie zum Arbeitsmarkt, z. B. die Nichtanerkennung von Abschlüssen, wo gleichzeitig weiterer (zusätzlicher) Unterstützungsbedarf besteht. Zum anderen besteht trotz des langjährigen Aufenthalts in DE eher Kontaktarmut, während die Kontaktpräferenz deutlich öfter auf einem gleichsprachigen Familien- und Freundeskreis liegt, selbst wenn darüber hinaus, z. B. Arbeitskolleg:innen vorhanden sind. Darunter leidet die Verbundenheit zur Gemeinschaft bzw. Gesellschaft und es bleibt bezogen auf die soziale Integration ein Fremdheitsgefühl, was sich durch Alltagserleben als auch persönliche Erfahrungen bestätigen lässt. Hier kristallisiert sich heraus, dass mehr als die Hälfte mit ausländerfeindlichen Diskriminierungen, beleidigenden Worten, u. a. wegen des Kopftuches und der arabischen Sprache, (Alltags-)Rassismus verbunden mit einer ablehnenden Haltung in der Öffentlichkeit und in der Nachbarschaft zu kämpfen haben. Die Zielgruppe wünscht und fordert hier eine klare Anpassungsleistung der dt. Gesellschaft, indem man muslimischen, heimatlosen und vertriebenen Frauen tolerant und vorurteilsfrei mit und ohne Diskriminierung bzw. Berührungsängsten wegen des Kopftuches bzw. der Religion begegnet, verbunden mit der Gleichstellung von dt. und muslimischen Frauen sowie Schutz und Hilfe vor politisch andersdenkenden Gruppen.

In Bezug auf soziale Unterstützung und Beratung bleibt festzustellen, dass mehr als die Hälfte selbstständig in den letzten fünf Jahren gar keinen Zugang zu sozialen Angeboten, wie Sozialberatung bzw. MBE, Dienstleistungen und Programmen gefunden haben, was auf eine Verbindungslücke zwischen der Zielgruppe und dem auf Fälle wartenden, sozialen Anbietermarkt hindeutet, was zum einen den bedürfnisorientierten Prioritäten der bisherigen Sozialisation im Herkunftsland ohne soziale Hilfen und der sich daraus ergebenden Diskrepanz zur nord-, mittel- bzw. westeuropäischen Sozialisation geschuldet ist, welche die Inanspruchnahme sozialer Unterstützung schon ab der Geburt lehrt und trainiert. Genutzte bzw. gefundene Angebote sind zwar gut bis sehr gut bewertet, aber i. d. R. als nicht zielgruppenspezifisch eingestuft, was z. B. für Lernsax, eine webbasierte E-Learning-Plattform für Schulen im Bundesland Sachsen, gilt. Bedürfnis- und bedarfsorientiert wird vordergründig Hilfe bei der Wohnungssuche, Krankheit, Sozialhilfe, im Ausländer- bzw. Flüchtlings- und im Arbeitsrecht sowie bei Berufsorientierung und Ausbildungsplatzsuche sowie Sprach- bzw. Integrationskursen benötigt. Weiterhin besteht ein Bedürfnis nach kostenloser Bildung für ältere Frauen über 55 Jahre.

Die zweite Forschungsfrage lässt sich mithilfe der im Kapitel 4.2.2 ausgewerteten Daten der Dokumentenanalyse beantworten.

2) Welche deutschsprachigen Broschüren, die auch in arabischer Sprache verfügbar sind, existieren, und welche Themen, Zielgruppen und Geschlechter werden darin angesprochen?

Die Broschürensuche gestaltet sich bezogen auf den festgestellten Unterstützungsbedarf aus der schriftlichen Befragung recht schwierig. Von insgesamt 56 vorgegebenen Themen in der Fragestellung sind 40 Themen von den Frauen als Unterstützungsbedarf für die Verbesserung ihrer Lebensqualität bzw. Lebensbedingungen in DE ausgewählt. Vorrangig wird Unterstützung im Bereich Lebens- bzw. Alltagsunterstützung (18), Gesundheit nach SGB V (17), Sozialleistungen nach SGB II, SGB III, SGB XII bzw. § 68 SGB I, BAföG) (14), juristische Themen bzw. Rechtsberatung (12) und Bildungssystem und Bildungsangebote (9). Mit den häufig genannten Themen Wohnungssuche, Ausländer- und Flüchtlingsrecht (4), Sozialhilfe (4), Krankheit (3), Freizeit und Freizeitaktivitäten (3) und Hobbys (3) stehen anhand der gebildeten Suchbegriffe der TNE nur fünf passende Dokumente in beiden Sprachen in Form von Broschüren, einem Handzettel und Faltblatt von vier verschiedenen Institutionen zu drei Themen, nachfolgend in der Tabelle aufgelistet, zur Verfügung.

Tab. 4 Übersicht der Rechercheergebnisse nach Thema und Broschüre

Nr.	Thema + Häufigkeit der Nennung	Dokument	Institution	Themencluster
1	Unterstützung bei der Wohnungssuche (6)	Willkommen in DE	BAMF	Lebens- bzw. Alltagsunterstützung
2	Ausländer- und Flüchtlingsrecht (4)	1. Ablauf des dt. Asylverfahrens Ein Überblick über die einzelnen Verfahrensschritte und rechtlichen Grundlagen	BAMF	juristische Themen bzw. Rechtsberatung

		2. Schutz vor Diskriminierung in Deutschland: Ein Leitfaden für Flüchtlinge und Migranten	ADS	
3	Krankheit (3)	1. Ganz einfach gesund bleiben: Tipps für das Hygieneverhalten	BZgA	Gesundheit nach SGB V
		2. Gesundheit für alle: Ein Wegweiser durch das dt. Gesundheitswesen	BMG	

Quelle: eigene Darstellung

Die Broschüre „Willkommen in DE" deckt den geforderten Unterstützungsbedarf außerhalb des Kernthemas „Unterstützung bei der Wohnungssuche" zu weiteren gewünschten Themen, wie Arbeitsrecht (3), Sprach- und Integrationskurse (3), MBE (2), Berufsorientierung und Ausbildungsplatzsuche (3), Berufsausbildungsbeihilfe (2), Arbeitssuche (2), Weiterbildung (1), Umschulung (1), Elterngeld und Elternzeit (1), Streitigkeiten in der Familie (1), Schulsystem mit Schulabschlüssen (1) ab. Die Broschüre „Gesundheit für alle: Ein Wegweiser durch das dt. Gesundheitswesen" bietet zusätzlich wertvolle Inhalte bezüglich des Zugangs und der Nutzung von Gesundheitsdiensten (2), Altwerden in DE (1) und zur Krankenversicherung (1). Insgesamt 17 der 40 gewünschten Themen werden in den Infomaterialien beleuchtet. Die Broschüre „Willkommen in DE" bietet Orientierung für die Zielgruppe der Zugewanderten und Hilfe bei Integration ohne konkrete geschlechtsspezifische Ansprache. Der Handzettel bzw. die Broschüre „Ablauf des deutschen Asylverfahrens: Ein Überblick über die einzelnen Verfahrensschritte und rechtlichen Grundlagen" enthält allgemein formulierte, geschlechtsunspezifische und für jede interessierte Person nutzbare Informationen zum Verfahren im Asyl- und Flüchtlingsschutz. Das Faltblatt der BZgA „Ganz einfach gesund bleiben: Tipps für das Hygieneverhalten" adressiert vielfältige Interessenten, vor allem die Bürgerschaft aber auch Multiplikator:innen unterschiedlicher Bereiche jedoch nicht explizit Frauen, während die Broschüre „Gesundheit für alle: Ein Wegweiser durch das dt. Gesundheitswesen" explizit vor allem Migranten anspricht. Ein Kapitel mit dem Schwerpunkt Frauengesundheit (صحة النساء) adressiert darüber hinaus Frauen und in der Sprachversion arabisch auch arabischsprachige, muslimische Frauen.

Die dritte Forschungsfrage befasst sich mit den gefundenen Lücken und Verbesserungspotenzialen der Ergebnisse der schriftlichen Befragung und Dokumentenanalyse.

3) Welche Lücken und Verbesserungspotenziale lassen sich aus der Analyse der Broschüren und der qualitativen Befragung ableiten?

Bei Analyse der Broschüren fällt auf, dass alle Dokumente im Kern nur allgemeine, teilweise oberflächliche und überblicksartige Informationen teils verbunden mit Verweisen oder/und Kontaktadressen sehr zentraler Anlaufstellen, wie der Arbeitsagentur oder dem Jobcenter liefern. Broschüren, wie „Soziale Sicherung im Überblick", die sehr differenziert über das dt. Sozialsystem und Sozialleistungen berichten, sind leider nicht in anderen Sprachen als dt. verfügbar. Ebenfalls ist ein Ergebnis, dass es keine arabischsprachigen Broschüren in den stark gefragten Bereichen Sozialhilfe (4), Freizeit und Freizeitaktivitäten (3), Hobbys (3) und dort differenziert für die Suche „Broschüre Breitensport Deutschland" gibt. Auch eine vertiefte Suche zur Mobilität (2) bringt zwar ebenso wie bei Freizeit regional vielfältige aber keine arabischsprachigen Suchergebnisse. Hier besteht bezüglich des vorhandenen Informationsmaterials Verbesserungspotenzial.

Bezogen auf die qualitativen Befragungen gibt es, die auf S. 48 identifizierte Verbindungslücke, die aus der unterschiedlichen Sozialisation der anvisierten Zielgruppe in der Forschung und der bisher bedienten dt. Zielgruppe für die letztendlich die sozialen (Beratungs-)Angebote bzw. sozialen Diensten konzipiert sind. Verbesserungspotenzial bestünde darin diese Zugangsbarrieren abzubauen und die klaffende Lücke zwischen der engmaschigen Sozialbetreuung in der Gemeinschaftsunterkunft, und dem abrupten Wegfall bei Einzug in die eigene Wohnung ggf. aufsuchend zu schließen.

5. Diskussion

5.1 Zusammenfassung und Interpretation der Ergebnisse

Die Ergebnisse zeigen zum einen die Themen, Bedarfe und Bedürfnisse arabischsprachiger, muslimischer Frauen in DE und eröffnen einen Zugang in Form eines Einblicks in die Lebenswelt, den Lebensalltag und die persönlichen Erfahrungen der Frauen in den letzten fünf Jahren in DE mit dem Fokus auf der Zeit in der eigenen Wohnung. Die Erkenntnis ist, dass es der Zielgruppe an (erlerntem) Wissen über das Sozialsystem mangelt, denn die Sozialisation im Herkunftsland funktioniert im Gegensatz zu DE ohne bzw. mit sehr wenig institutionellen Bezügen. Nach mehrjährigem Aufenthalt in DE ist kaum relevantes Systemwissen verfügbar. Es fehlt an Orientierung im Sozialsystem. Da die Zielgruppe in den letzten fünf Jahren kaum soziale Angebote, Dienstleistungen und Programme in Anspruch genommen hat, wird kein Erfahrungswissen erworben.

Sprach- und Verständnisbarrieren befördern zudem Missverständnisse, während verwendete Fachbegriffe wie Migrationsberatung keine Verbindung zur Zielgruppe herstellen. Hier resultieren die Probleme, das Angebot und Nachfrage nicht zueinander finden können, größtenteils aus der hohen Professionalisierung bzw. Qualität der Sozialen Arbeit in DE. Methodisch geschulte Sozialarbeitende warten, z. B. in Beratungsstellen auf Kundschaft. Diese Kundschaft muss sich aber den Sozialraum, der im Herkunftsland deutlich weniger vielfältig ist und wo Begegnungen ausschließlich auf den Familien- bzw. Freundeskreis begrenzt sind, erst einmal im Sinne von Hintes SRO (Punkt 2.2) erschließen. Zwar erfüllt DE bezogen auf Maslows Bedürfnishierarchie die grundsätzlichen Sicherheitsbedürfnisse, weil z. B. im Gegensatz zum Herkunftsland kein Krieg herrscht, was ein hohes Schutz- und Sicherheitsgefühl vermittelt – allerdings fühlen sich die TNE individuell zu wenig vor anlassbezogenen Rassismus und Diskriminierungen insbesondere politisch geschützt, worunter bei vielen die soziale Integration leidet. Nur wenige haben gute persönliche Erfahrung bei Zwischenmensch-lichkeit und Kooperationsbereitschaft gesammelt. Das Gemeinschaftsgefühl wird ebenfalls höchst unterschiedlich empfunden und erlebt teils mit Respekt für Frauen gleichgesetzt. Trotzdem empfin-den die TNE, dass es keine Gleichstellung zwischen arabischsprachigen, muslimischen und dt. Frauen gibt. Es existieren zudem multiple Problemlagen mit viele individuellen, organisatorischen und situationsbezogenen Schwierigkeiten.

Interpretativ lässt sich so aus den Ergebnissen ableiten, dass arabischsprachige, muslimische Frauen über herkömmliche familiennahe bzw. berufliche Netzwerke bis jetzt nicht genug sozial inte-griert werden können, was durch Rassismus in der Öffentlichkeit als auch in der Nachbarschaft ver-stärkt wird. Ein aufsuchendes, sozialraumbezogenes und erschließendes Beratungs- und Unterstüt-zungsangebot mit dem Fokus auf praxisorientierter Lebens- bzw. Alltagsunterstützung kann als Handlungsempfehlung die Verbindungslücke zwischen den sozialen Dienstleistenden und ihren An-geboten bzw. der Zielgruppe schließen. Dabei liegt der Fokus auf einer bedürfnisorientierten, fami-liennahen, aber altersübergreifenden, ganzheitlichen, systemisch gedachten Betreuung mit Sozial-beratung und Begleitung zu Terminen, die nicht mit der herkömmlichen Familienhilfe nach SGB VIII bzw. dem Fallmanagement, wie es bei der Sozial- bzw. Migrationsberatung praktiziert wird, zu ver-gleichen sind. Die zahlreich genannte Unterstützung bei der Wohnungssuche ist ein Indiz dafür, dass die Wohnsituation von arabischsprachigen, muslimischen Frauen nicht optimal ist. Die Wohn-situation beeinflusst unmittelbar die Lebensqualität, während Umzüge insbesondere in Großstädten teuer sind und Wohnraum zusehends knapper wird. In Verbindung mit den genannten Nachbar-schaftsproblemen und Rassismus in der Nachbarschaft bietet es sich an, durch moderierte Begeg-nungen die nachbarschaftlichen Beziehungen zu verbessern, um so die soziale Integration voran-zutreiben.

Die zweite Handlungsempfehlung ergibt sich aus der Erkenntnis, dass die verfügbaren sozialen An-gebote nicht mit den umfangreichen sozialen Bedürfnissen, Bedarfen und Themen sowie dem dar-aus ermittelten Unterstützungsbedarf der Zielgruppe korrespondieren. Zum einen scheitern die TNE selbst am Versuch zielgruppenspezifische Angebote zu finden und haben Hilfe beim Zugang zu Unterstützungsangeboten nur über Familie, Freunde, Behörden oder einen Rechtsanwalt, zum an-deren wählen die TNE vor allem webbasierte Angebote zur Hilfe aus. Die bisher eher suchmaschi-nenunfreundlich ausgestalteten und beschriebenen sozialen Angebote auf Webseiten und die nicht vorhandene bis schlechte Optimierung auf andere Sprachen (hier: arabisch) bzw. relevante nied-rigschwellige, verständnisorientierte Inhalte und Suchbegriffe verhindern aktuell, dass wertvolle ver-fügbare arabischsprachige Informationen gefunden werden können. Im deutschlandweiten, sozialen Anbietermarkt verlassen sich die Professionellen zu sehr darauf, dass eine interdisziplinäre Weiter-vermittlung die Zielgruppe zum richtigen Angebot lenkt. Hier können Kooperationen im Sozialraum und die gemeinsame Auswahl sozialer Online-Angebote mit der Zielgruppe helfen, den Zugang zu sozialen Diensten zu erleichtern und die Auswahlmöglichkeiten zu erweitern. Gleichzeitig wird damit im Rahmen der partizipativen Ansätze eine echte Beteiligung der Zielgruppe ermöglicht und forciert.

Die dritte Handlungsempfehlung bezieht sich auf die immer wieder bemerkten Sprach- und Verständnisbarrieren, die trotz Dolmetschender nicht ganz beseitigt werden können. In der arabischen Sprache gibt es, wie im dt. Dialekte. Sowohl die Fragebogenübersetzung als auch die ausgewählten Broschüren sind in hocharabisch verfasst. Das zu verstehen, kann je nach Herkunftsland Probleme bereiten. So kann nicht ausgeschlossen werden, dass Teile des Fragebogens bzw. die Fragen teilweise nicht inhaltlich erfasst werden können, was näher in der nachfolgenden Limitation erläutert wird. Durch die Zusammenarbeit mit der Familie und die gewonnenen Forschungsergebnisse reift die Erkenntnis ist, dass man erst vom gleichen Sachverhalt sprechen muss, um schlussendlich zu verstehen, was benötigt wird und eine Weitervermittlung erfolgen kann. Diese passgenaue, maßgeschneiderte, verständnisorientierte Vermittlung erfordert, es dringend, dass die Fachsprache und die damit verbundenen Fachbegriffe für die Zielgruppe weiter zu erklären, zu erläutern und „zu übersetzen" sind. D. h., dass den Sozialarbeitenden in der aufsuchenden Sozialarbeit eine wichtige Vermittlungsrolle bzw. eine Transferfunktion zwischen dem Sozialen (Hilfe-)System und der Zielgruppe einerseits als auch den Anbietenden anderseits zukommt.

5.2 Forschungsprobleme und Grenzen der Forschungsergebnisse

Der durchgeführte Forschungsprozess birgt Herausforderungen, die hier analysiert und für zukünftige Forschungen aufbereitet werden. Bezogen auf die Gewinnung der TNE aus der anvisierten Zielgruppe arabischsprachige, muslimische Frauen ist die länderbezogene Auswahl, dargestellt im Diagramm 1, eher homogen im Verhältnis vier zu dreizehn. Hinsichtlich der Altersgruppe ist die Verteilung der befragten Frauen nach Alter, abgebildet im Diagramm 2, dagegen heterogen, obwohl nicht alle Altersgruppen vertreten sind. Generell ist die Zielgruppe trotz guter Kontakte eher schwierig zu erreichen. Während die Dolmetschende angibt, dass die Fragen in Arabisch einfach und gut zu verstehen sind, gewinnt man anhand der Antworten den Eindruck, dass einzelne TNE große Schwierigkeiten haben, die Fragen inhaltlich zu erfassen[15]. Die Empfehlung ist es, die Fragen hier noch weiter sprachlich zu vereinfachen und ggf. mehr zu erklären. Würde man anstelle der schriftlichen Befragung ein Interview ggf. mit Dolmetschenden führen, müsste man hingegen tatsächlich aufpassen, dass die Erklärungen keine vorformulierten Antworten beinhalten, die vom TNE einfach übernommen bzw. mit seinen Worten gespiegelt werden. Da der Fragebogen im Schreibprozess der Bachelorarbeit entstanden ist, bleibt in acht Wochen einfach zu wenig Zeit auf den verschiedenen

---

[15] Sprach- und Verständnisprobleme gibt es bzgl. der Fragen [G01Q02], wo TNE 5 mit „Genau" antwortet und bei Frage [G01Q04], wo TNE 12 mit Keine Erfahrungen antwortet, während TNE 13 schreibt „Frage nicht verstanden". Weitere Indizien dafür finden sich auch im Anhang B bei den schriftlichen Nachfragen via Chatinterview.

Wegen mehr TNE zu gewinnen. Vier Befragte sind aus dem Familiennetzwerk, während sieben Personen aus dem Bekannten- bzw. Freundeskreis der Multiplikatoren stammen und alle Befragten stammen aus Großstädten in Sachsen. Damit hat die Forschung Grenzen bezüglich der Aussagekraft für DE ebenso kann es regionale Unterschiede nach Bundesländern oder zwischen der Großstadt und dem ländlichen Raum geben, die nicht genug im gezielten Sampling berücksichtigt sind. Abschließend ist festzustellen, dass jede Forschung Limitationen hat, die den Verlauf des Forschungsprozesses als auch die Ergebnisse der Forschung durch einmal getroffene Entscheidungen beeinflussen.

5.3 Empfehlungen für weiterführende Forschung

Raum für zukünftige Forschung ist reichlich vorhanden. Zum einen können andere Forschende sich anderen Migrantengruppen widmen, um dort Forschungsergebnisse zu erzielen, die mit diesen zu vergleichen wären. Ebenso wäre eine Ausweitung des Samplings möglich, um die Vielfalt der arabischsprachigen Länder, die hier nur bedingt abgebildet werden kann, zu gewährleisten. Es wäre zudem spannend die Ergebnisse bezüglich der Erkenntnis, dass sieben von elf TNE trotz der großen Beratungsvielfalt in den letzten fünf Jahren selbstständig keine sozialen Angebote, Dienstleistungen und Programme in Anspruch genommen haben, in weiteren größer angelegten Forschungsvorhaben zu vertiefen, um die soziale Integration der Zielgruppe verbunden mit einem leichteren Zugang zum Sozialsystem zu verbessern. Da Interdisziplinarität in der Sozialen Arbeit eine große Rolle spielt und weitere Disziplinen in ihrem Arbeitsfeld Erfahrungen mit Zugängen zur Zielgruppe gesammelt haben, wären disziplinübergreifende Forschungsvorhaben nützlich, um einer strukturellen Benachteiligung der Zielgruppe dauerhaft entgegenzuwirken. Dafür muss die Zielgruppe selbst noch stärker in die Forschungsvorhaben integriert werden, was aber gleichzeitig mehr Praxisnähe ermöglicht.

6. Fazit

Eine Erkenntnis ist, dass trotz finanziell gut untersetzter Integrationspolitik das Ziel Migranten in die Bürgergesellschaft zu integrieren, nach langen Jahren Aufenthalt in DE, nicht erreicht wird, wofür die aufgebaute Parallelstruktur bei Sozialberatung für alle und MBE ein Beispiel ist. Die Zuständigkeit der sozialen Arbeit für Integration bzw. Inklusion ergibt sich aus der Allzuständigkeit. Das Tripelmandat von Staub-Bernasconi lenkt die Sicht der Fachkraft durch die Einbeziehung der Menschenrechte auf die kulturelle und soziale Gleichberechtigung aller Menschen bzw. Zielgruppen. Dafür bietet Soziale Arbeit die im theoretischen Teil vorgestellten Konzepte, welche auf die Partizipation von Migranten in Gesellschaft und Sozialraum ausgerichtet sind aber bei der Zielgruppe aktuell nicht greifen, weil eine wichtige Voraussetzung für die Nutzung nicht erfüllt ist. Man muss soziale Angebote entweder selbstständig durch Werbung bzw. Nutzung anderer Angebote finden oder es muss von Dritten empfohlen werden. Als wichtigstes Ergebnis identifiziert die Forschung eine ausführlich beschriebene Verbindungslücke zwischen den in DE verfügbaren Beratungs- und Unterstützungsangeboten, die in Komm-Strukturen organisiert sind und der Zielgruppe, die zwar einen hohen Unterstützungsbedarf hat aber aus vielerlei gefundenen Gründen selbstständig keinen Zugang zu Angeboten findet. Anstatt diese exkludierte Gruppe nun zwanghaft kulturell und sozial zu integrieren, können die im Rahmen der Forschung gewonnenen Ergebnisse dazu beitragen, dass Soziale Arbeit lieber bestehende Angebote so weiterentwickelt, dass passgenaue, ganzheitliche und inklusive (Sozial-)Beratung (für alle) stattfindet, die ggf. systemisch und aufsuchend arbeitet, was der Vielfalt der Menschen als Bereicherung und Potenzial für ein gemeinsames, gesellschaftliches Leben Rechnung trägt. Damit können kulturspezifische Besonderheiten, wie die festgestellte familiäre Orientierung besser berücksichtigt werden. Die in der Forschung umfangreich beschriebene Lücke in den Informationsmaterialien ist dafür zu schließen. Ferner sind diese Materialien anhand der Suchbegriffe in Suchmaschinen eher für Fachkräfte als für die Zielgruppe auffindbar, was zu verbessern ist. Die in den Handlungsempfehlungen vorgestellte aufsuchende Sozialberatung kann die Integration bzw. Inklusion von Migranten insofern unterstützen, dass es so möglich wird, funktionierende Konzepte und Methoden der Sozialen Arbeit praktisch zur Zielgruppe zu transferieren. Abschließend bestätigt die Forschung, dass arabischsprachige, muslimische Frauen mit ihren Themen, Bedarfen und Bedürfnissen eine eher wenig wahrgenommene vulnerable Gruppe sind, die trotz langjährigen Aufenthaltes in DE schlecht bis gar nicht sozial angesprochen wird und integriert ist. Diese Problematik verstärkt sich durch schon in anderen Studien festgestellten Alltagsrassismus und den damit verbunden Beleidigungen wegen der arabischen Sprache, des Kopftuches und den komischen Blicken. Hier wird seitens der Zielgruppe, als zentrales Forschungsergebnis, eine klare Anpassungsleistung der dt. Gesellschaft gefordert.

VI. Literaturverzeichnis

ADAC (2023). *Die schönsten Wochenendziele: in Deutschland. Perfekte Kurztrips zu jeder Jahreszeit.* https://assets.adac.de/image/upload/v1706524938/ADAC-Regionalclubs/Hessen-Thueringen/PDF/adac-hth-schoenste-wochenendziele_hfzjme.pdf

Ansen, H. & Schwarting, F. (2015). Werthaltigkeit und Nachhaltigkeit von Sozialer Schuldner- und Insolvenzberatung. Eine Metastudie empirischer Arbeitenhttps://www.fbsb-nrw.de/wp-content/uploads/2016/12/Studie-Prof-Dr-Ansen.pdf

Arbogast, M. (2021). Arbeitsfeld Aufsuchende Soziale Arbeit. Aufsuchende Soziale Arbeit als sozialräumliche und lebensweltorientierte Schadensminderung. In M. Krebs, Mäder, R. & Mezzera, T. (Hrsg.) *Soziale Arbeit und Sucht,* Springer Fachmedien Wiesbaden GmbH. https://doi.org/10.1007/978-3-658-31994-6_11

Ärzteblatt (2024). *Wartezeiten in der Psychotherapie kürzer als bisher angenommen.* https://www.aerzteblatt.de/nachrichten/149637/Wartezeiten-in-der-Psychotherapie-kuerzer-als-bisher-angenommen

Baba et. al. (2023). *Evaluation der Wohnsitzregelung nach § 12a AufenthG.* https://www.bamf.de/SharedDocs/Anlagen/DE/Forschung/Beitragsreihe/beitrag-band-13-evaluation-wohnsitzregelung.pdf?__blob=publicationFile&v=12

Baier, A. & Siegert, M. (2018). Die Wohnsituation Geflüchteter. Kurzanalysen des Forschungszentrums Migration, Integration und Asyl des Bundesamtes für Migration und Flüchtlinge, 2018 (2), 1-11. https://www.bamf.de/SharedDocs/Anlagen/DE/Forschung/Kurzanalysen/kurzanalyse11_iab-bamf-soep-befragung-gefluechtete-wohnsituation.pdf%3F__blob%3DpublicationFile%26v%3D11

BAMF (2010). *Bundesweites Integrationsprogramm. Angebote der Integrationsförderung in Deutschland – Empfehlungen zu ihrer Weiterentwicklung.* https://www.bamf.de/SharedDocs/Anlagen/DE/Integration/Integrationsprogramm/bundesweitesintegrationsprogramm.pdf?__blob=publicationFile&v=5

BAMF (2015a). *Das Bundesamt in Zahlen 2015. Asyl, Migration und Integration.* https://www.bamf.de/SharedDocs/Anlagen/DE/Statistik/BundesamtinZahlen/bundesamt-in-zahlen-2015.pdf?__blob=publicationFile&v=16

BAMF (2015b). *Konzept für einen bundesweiten Integrationskurs Überarbeitete Neuauflage – April 2015.* https://www.bamf.de/SharedDocs/Anlagen/DE/Integration/Integrationskurse/Kurstraeger/KonzepteLeitfaeden/konz-f-bundesw-integrationskurs.pdf?__blob=publicationFile&v=9

BAMF (2016). *Das Bundesamt in Zahlen 2016. Asyl, Migration und Integration.*https://www.bamf.de/SharedDocs/Anlagen/DE/Statistik/BundesamtinZahlen/bundesamt-in-zahlen-2016.pdf?__blob=publicationFile&v=16

BAMF (2019). *Ablauf des deutschen Asylverfahrens (DIN A4).* https://www.bamf.de/SharedDocs/Anlagen/DE/AsylFluechtlingsschutz/Asylverfahren/schema-ablauf-asylverfahren-a4.html?nn=282388

BAMF (2023a). *Ablauf des deutschen Asylverfahrens Ein Überblick über die einzelnen Verfahrensschritte und rechtlichen Grundlagen.* https://www.bamf.de/SharedDocs/Anlagen/DE/AsylFluechtlingsschutz/Asylverfahren/das-deutsche-asylverfahren.html

BAMF (2023b) *Thema Asyl.* https://www.bamf.de/AR/Themen/AsylFluechtlingsschutz/AblaufAsylverfahrens/Schutzformen/Asylberechtigung/asylberechtigung-node.html

BAMF (2024). *Migrationsbericht der Bundesregierung 2022.* https://www.bamf.de/SharedDocs/Anlagen/DE/Forschung/Migrationsberichte/migrationsbericht-2022.pdf?__blob=publicationFile&v=17

Barthelmess, M. (2014). *Systemische Beratung. Eine Einführung für psychosoziale Berufe* (4. Aufl.). Beltz Juventa Verlag

Baur, N. & Blasius, R. (2022). In Baur, N. & Jörg Blasius, J. (Hrsg.), *Handbuch Methoden der empirischen Sozialforschung* (Aufl. 3, S. 1-32). Springer VS Verlag Wiesbaden. https://doi.org/10.1007/978-3-658-37985-8

Becher, Inna & El-Menouar, Y. (2013). *Geschlechterrollen bei Deutschen und Zuwanderern christlicher und muslimischer Religionszugehörigkeit. Forschungsbericht 21. Nürnberg: Bundesamt für Migration und Flüchtlinge.* https://www.deutsche-islam-konferenz.de/SharedDocs/Anlagen/DE/Downloads/WissenschaftPublikationen/studie-geschlechterrollen.pdf?__blob=publicationFile&v=3

Bekaj, A. & Antara, L. (2018). Political Participation of Refugees: Bridging the Gaps. https://www.bosch-stiftung.de/sites/default/files/publications/pdf/2018-04/Political-participation-of-refugees-bridging-the-gaps.pdf

Blanz, M. (2015): *Forschungsmethoden und Statistik für die Soziale Arbeit: Grundlagen und Anwendungen.* Kohlhammer Verlag, Stuttgart.

Blätte, A. (2017). *Regelungen der Bundesländer in Bezug auf Integration. Expertise für den Sachverständigenrat deutscher Stiftungen für Integration und Migration (SVR).* https://www.svr-migration.de/wp-content/uploads/2018/04/Expertise_Blaette_2017_Integrationspolitik-Laender.pdf

BMAS (2023a). *Sozialhilfe und Grundsicherung im Alter und bei Erwerbsminderung.* https://www.bmas.de/SharedDocs/Downloads/DE/Publikationen/a207-sozialhilfe-und-grundsicherung.pdf?__blob=publicationFile&v=9

BMAS (2023b). *Soziale Sicherung in Deutschland.* https://www.bmas.de/SharedDocs/Downloads/DE/Publikationen/a721-soziale-sicherung-im-ueberblick.pdf?__blob=publicationFile&v=6

BMFSFJ, (2008). *Muslimische Familien in Deutschland: Alltagserfahrungen, Konflikte, Ressourcen.* https://www.bmfsfj.de/resource/blob/76424/d95aef453ae4a7ca9d6a88c725f2272b/muslimische-familien-indeutschland-data.pdf

BMFSFJ, (2017). *Aus Kriegsgebieten geflüchtete Familien und ihre Kinder: Entwicklungsrisiken, Behandlungsangebote, Versorgungsdefizite Kurzgutachten des Wissenschaftlichen Beirats für Familienfragen beim Bundesministerium für Familie, Senioren, Frauen und Jugend.* https://www.bmfsfj.de/resource/blob/119734/9715f720b0090d71d4cbe797586a9cec/kurz-gutachten-gefluechtete-familien-data.pdf

BMG (2022). Gesundheit für alle: Ein Wegweiser durch das dt. Gesundheitswesen / الصحة للجميعدليل إرشادي عابر للشؤون الصحية الألمانية https://www.migration-gesundheit.bund.de/fileadmin/Dateien/Publikationen/Gesundheit/wegweiser_gesundheit/deutsch.wegweiser-gesundheit.2022.pdf / https://www.migration-gesundheit.bund.de/fileadmin/Dateien/Publikationen/Gesundheit/wegweiser_gesundheit/arabic.wegweiser-gesundheit.2022.pdf

BMG (2024). نصائح الصحة الحفاظ على الصحة بكل سهولة https://www.migration-gesundheit.bund.de/fileadmin/Dateien/pdfs_neu_2022/kindergesundheit/gesund_bleiben_62530104_ar.pdf

BMI (2024). *Migrationsberatung für erwachsene Zugewanderte.* https://www.bmi.bund.de/DE/themen/heimat-integration/integration/migrationsberatung/migrationsberatung-node.html

BMWSB (2024). *Suchergebnis zum Begriff Wohnungssuche auf der Website des BMWSB.* https://www.bmwsb.bund.de/SiteGlobals/Forms/Webs/BMWSB/suche/expertensuche-formular.html?resourceId=21116254&input_=21194054&pageLocale=de&templateQueryString=Wohnungssuche&submit.x=0&submit.y=0

BMZ (2021). *10 Jahren Syrienkrise Engagement und Wirkungen der deutschen Entwicklungspolitik.* https://www.bmz.de/resource/blob/63632/210329-bmz-faktenblatt-syrienkrise.pdf

Bpb (2004). *F. Klaus Koopmann.* https://www.bpb.de/medien/129268/3JTZHT.pdf

BPtK (2021). *BPtK-Auswertung: Monatelange Wartezeiten bei Psychotherapeut*innen.* https://www.bptk.de/pressemitteilungen/bptk-auswertung-monatelange-wartezeiten-bei-psychotherapeutinnen/

Bundesregierung, (2007). *Der Nationale Integrationsplan. Neue Wege – Neue Chancen.* https://www.bundesregierung.de/re-source/blob/2065474/441038/acdb01cb90b28205d452c83d2fde84a2/2007-08-30-nationa-ler-integrationsplan-data.pdf

BZgA (2016). *Broschüre Krankheit Deutschland.* https://shop.bzga.de/pdf/62530100.pdf

BZgA (2023). *Broschüre Zeit für Bewegung "Bewegung und Sport - Elterninfo".* https://shop.bzga.de/broschuere-zeit-fuer-bewegung-bewegung-und-sport-elterninfo-11041407/

Caritas Leipzig e. V. (2024). *Allgemeine Soziale Beratung.* https://www.caritas-leipzig.de/hilfeund-beratung/armutundarbeitslosigkeit/allgemeinesozialeberatung/allgemeine-soziale-beratung

Clark, T. R. (2023). *Die vier Stufen der psychologischen Sicherheit: Auf dem Weg zu mehr Vielfalt und Innovation am Arbeitsplatz.* Verlag Franz Vahlen München.

Davolio, M. E., Kunz Martin, C., Meier, G. & Adili, K. (2021) *Online-Gesprächssettings in der Sozialberatung in Zeiten des Social Distancing – eine Bilanz.* https://digitalcollec-tion.zhaw.ch/bitstream/11475/21935/5/2021_Davolio-etal_Schlussbericht-online-Ge-spr%C3%A4chssettings-in-Sozialberatung.pdf

Debiel, S. & Wagner, L. (2017). Geschichtliche Entwicklung und professionstheoretische Verortun-gen. Einführung in einen vielschichtigen Diskurs. In B. Schäuble & L. Wagner (Hrsg.), Parti-zipative Hilfeplanung (S. 14-27). Beltz Juventa, 69469 Weinheim. ISBN: 9783779947042

Destatis (2021). *Migration und Integration.* https://www.destatis.de/DE/Themen/Gesellschaft-Um-welt/Bevoelkerung/Migration-Integration/_inhalt.html

DSBH (2014). *Berufsethik des DBSH Ethik und Werte.* Forum sozial Die Berufliche Soziale Arbeit, 2014 (4), S. 24-32.https://www.dbsh.de/media/dbsh-www/redaktionell/pdf/Sozialpoli-tik/DBSH-Berufsethik-2015-02-08.pdf

DSBH (n.d.). *Qualitätsbeschreibung Sozialprofessionelle Beratung.* https://www.dbsh.de/me-dia/dbsh-www/downloads/Qualit%C3%A4tsbeschreibungSozialprofessionelleBeratung.pdf

DeZim (2022). *Kopftuch und Arbeit? Erfahrungen von Musliminnen und Muslimen auf dem deut-schen Arbeitsmarkt.* https://www.dezim-institut.de/fileadmin/user_upload/Demo_FIS/publika-tion_pdf/FA-5433.pdf

Ehlers, U.-D. (2017). *Qualitative Onlinebefragung.* In L. Mikos & C. Wegener (Hrsg.), *Qualitative Medienforschung - Ein Handbuch* (2. Auflage, S. 327–339). utb Verlag. ISBN 978-3825286477

Engelke, E., Borrmann, S. & Spatscheck, C. (2018). *Theorien der Sozialen Arbeit: Eine Einführung* (Aufl. 7). Lambertus-Verlag.

EU-Kommission (2020). *Communication from the Commission to the European Parliament, the Council, the European economic and social Committee and the Committee of the Regions. Action plan on Integration and Inclusion 2021-2027.* https://migrant-integration.ec.europa.eu/sites/default/files/2020-11/ActionPlanonIntegrationandInclusion2021-2027.pdf

Fachkommission Integrationsfähigkeit (2019). *Expertise zum Thema Medien: „Medienberichterstattung zum Themenfeld Migration" für die die Beauftragte der Bundesregierung für Migration, Flüchtlinge und Integration.* https://www.fachkommission-integrationsfaehigkeit.de/resource/blob/1786706/1790088/78397147e19c424abaf49a9722c7d979/medienberichterstattung-data.pdf?download=1

familienfreund KG (2024). *Datenschutz: So sicher sind Ihre Daten bei uns.* https://www.fachkraeftesicherer.de/datenschutzerklaerung/

Flick, U. (2022). In Baur, N. & Jörg Blasius, J. (Hrsg.), *Handbuch Methoden der empirischen Sozialforschung* (Aufl. 3, S. 543-547). Springer VS Verlag Wiesbaden. https://doi.org/10.1007/978-3-658-37985-8

Gut Leben in Deutschland (2016). *Bericht der Bundesregierung zur Lebensqualität in Deutschland.* https://www.gut-leben-in-deutschland.de/downloads/Regierungsbericht-zur-Lebensqualitaet-in-Deutschland.pdf

Heckmann, F. (2014). *Integration von Migranten: Einwanderung und neue Nationenbildung.* Springer VS. 2014.

Herwig-Lempp (2022). Systemische Sozialarbeit: Haltungen und Handeln in der Praxis. Vandenhoeck & Ruprecht Verlag.

Hinte W. & Treeß, H. (2014). *Sozialraumorientierung in der Jugendhilfe: Theoretische Grundlagen, Handlungsprinzipien und Praxisbeispiele einer kooperativ-integrativen Pädagogik* (3. Aufl.). Beltz Juventa Weinheim und Basel.

Galuske, M. (2013). *Methoden der Sozialen Arbeit* (10. Aufl.). Beltz Juventa Verlag. ISBN: 9783779951575

Gögercin, S. (2018). Integration und aktuelle sozialwissenschaftliche Integrationskonzepte. Ein Überblick. In B. Blank, S. Gögercin, K. E. Sauer & B. Schramkowski (Hrsg.), *Soziale Arbeit in der Migrationsgesellschaft. Grundlagen – Konzepte – Handlungsfelder* (S. 173-185). Springer Fachmedien Wiesbaden GmbH. https://doi.org/10.1007/978-3-658-19540-3

IAB (2016). *IAB Forschungsbericht. Aktuelle Ergebnisse aus der Projektarbeit des Instituts für Arbeitsmarkt- und Berufsforschung 9/2016. Geflüchtete Menschen in Deutschland - eine qualitative Befragung.* https://doku.iab.de/forschungsbericht/2016/fb0916.pdf

IOM (2019). *Glossar zur Migration, IML-Reihe Nr. 34.* https://publications.iom.int/system/files/pdf/iml_34_glossary.pdf

Klein, L., Merkle, M., Molter, S. & Woltering, U. (2021). Schwierige Zugänge älterer Menschen zu Angeboten der Sozialen Arbeit. Abschlussbericht eines Praxisforschungsprojekts. https://www.bmfsfj.de/resource/blob/179300/415fcd20f00470b676402e943ed871b5/abschlussbericht-zugaenge-aelterer-menschen-soziale-arbeit-data.pdf

Knabe, A. (2022). *Soziale Armut Wahrnehmung und Bewältigung von Armut in sozialen Netzwerken*. Springer Fachmedien Wiesbaden GmbH. https://doi.org/10.1007/978-3-658-36141-9

König, J. (2016). *Praxisforschung in der Sozialen Arbeit: Ein Lehr- und Arbeitsbuch.* Kohlhammer Verlag.

Lamnek, S. & Krell, C. (2016): *Qualitative Sozialforschung.* (Aufl. 6), Beltz Verlag, Weinheim

Loosen, W. (2016). Das Leitfadeninterview – eine unterschätzte Methode. In S. Averbeck-Lietz & M. Mayen (Hrsg.) *Handbuch nicht standardisierte Methoden in der Kommunikationswissenschaft* (S. 139-155). Springer Fachmedien Wiesbaden. https://link.springer.com/content/pdf/10.1007/978-3-658-01656-2.pdf

Mayring, P. (1985). Qualitative Inhaltsanalyse. In G. Jüttemann (Hrsg.), Qualitative Forschung in der Psychologie: Grundfragen, Verfahrensweisen, Anwendungsfelder (S. 187-211). Weinheim: Beltz. https://nbn-resolving.org/urn:nbn:de:0168-ssoar-5571

Mayring, P. (2015): *Qualitative Inhaltsanalyse. Grundlagen und Techniken.* (Aufl. 12), Beltz Verlag, Weinheim und Basel.

Mayring, P. (2016): *Einführung in die qualitative Sozialforschung. Eine Anleitung zu qualitativem Denken.* (Aufl. 6), Beltz Verlag, Weinheim und Basel.

Migrando Rechtsanwälte (2024). *Thema § 1 بديل (2) 25 المادة AufenthG: 8 اللاجئ وضع عن مهمة معلومات.* https://migrando.de/ar/blog/aufenthaltstitel/8-wichtige-fakten-zur-fluechtlingseigenschaft/ألمانيا

Moser, H. (2022). *Instrumentenkoffer für die Praxisforschung: Eine Einführung für Studium und Praxis.* Lambertus-Verlag. ISBN 9783784134130

Neue deutsche Medienmacher*innen e. V. (2024a). البحث عن شقة في ألمانيا. https://handbookgermany.de/ar/search-a-flat

Neue deutsche Medienmacher*innen e. V. (2024b). أنواع الإقامة التي تُمنح لطالبي اللجوء في ألمانيا. *https://handbookgermany.de/ar/right-of-residence*

Oitner, S. & Thiele, H. (2017). Die Un-/Möglichkeiten von Partizipation Geflüchteter in Deutschland. Rahmenbedingungen für die Partizipation Geflüchteter. In B. Schäuble & L. Wagner (Hrsg.), *Partizipative Hilfeplanung* (S. 91-97). Beltz Juventa, 69469 Weinheim. ISBN: 9783779947042

Pfündel et. al. (2021). *Muslimisches Leben in Deutschland 2020. Studie im Auftrag der Deutschen Islam Konferenz. Forschungsbericht 38.* https://www.bamf.de/SharedDocs/Anlagen/DE/Forschung/Forschungsberichte/fb38-muslimisches-leben.pdf?__blob=publicationFile&v=16

Przyborski, A. & Wohlrab-Sahr, M. (2013). Qualitative Sozialforschung: Ein Arbeitsbuch (5. Aufl.). Walter de Gruyter GmbH

Przyborski, A. & Monika Wohlrab-Sahr (2022). In Baur, N. & Jörg Blasius, J. (Hrsg.), *Handbuch Methoden der empirischen Sozialforschung* (Aufl. 3, S. 123-142). Springer VS Verlag Wiesbaden. https://doi.org/10.1007/978-3-658-37985-8

Schaffer, A. & Schaffer, F. (2019). *Empirische Methoden für soziale Berufe: Eine anwendungsorientierte Einführung in die qualitative und quantitative Sozialforschung.* Lambertus-Verlag Freiburg im Breisgau.

Schlegel, J. (2023). Präventionsmöglichkeiten beim Einsatz von Fallmanagement in der Altenhilfe: Ein qualitatives Forschungsdesign als Fallstudie [unveröffentlichte Arbeit [Fallstudie]]. IU Internationale Hochschule.

Schmidt, W. (2017). Dokumentenanalyse in der Organisationsforschung. In S. Stefan (Hrsg.), *Handbuch Empirische Organisationsforschung* (S. 443 – 466). Springer Fachmedien. Wiesbaden.

Schreier, M. (2023). Qualitative Erhebungsmethoden. In M. Schreier, G. Echterhoff, J. F. Bauer, N. Weydmann & W. Hussy (Hrsg.) *Forschungsmethoden in Psychologie und Sozialwissenschaften für Bachelor* (3. Aufl., S. 247-279). Springer-Verlag GmbH.

Schubert, F.-C., Rohr, D. & Zwicker-Pelzer, R. (2019), *Beratung: Grundlagen – Konzepte – Anwendungsfelder.* Springer Fachmedien Wiesbaden GmbH. https://doi.org/10.1007/978-3-658-20844-8

Schubert, F.-C. & *Knecht, A. (2015). Ressourcen – Merkmale, Theorien und Konzeptionen im Überblick.* https://www.researchgate.net/publication/313531749_Ressourcen_-_Merkmale_Theorien_und_Konzeptionen_im_Uberblick

Schwill, K. & Langhorst, M. (2011). Grundlagen. In R. Krüger (Hrsg.) *Sozialberatung. Werkbuch für Studium und Praxis* (S. 14-57). Springer Fachmedien Wiesbaden GmbH.

Staub-Bernasconi, S. (2019). *Menschenwürde - Menschenrechte - Soziale Arbeit: Die Menschenrechte Vom Kopf auf die Füße stellen.* Verlag Barbara Budrich. eISBN: 9783847404385

Steffan, E. & Netzelmann, T. A. (2015). In Aufsuchende Soziale Arbeit im Feld gesundheitlicher Angebote für Sexarbeiter_innen. In M. Albert & J. Wege (Hrsg.) Soziale Arbeit und Prostitution: Professionelle Handlungsansätze in Theorie und Praxis. Springer Fachmedien Wiesbaden GmbH, 2015. DOI 10.1007/978-3-658-00545-0

Stichs, A. & Pfündel, K. (2023). Diskriminierungserfahrungen von Menschen aus muslimisch geprägten Herkunftsländern. Wahrnehmungen in Bezug auf Alltagssituationen, die Benotung in der Schule, die Arbeits- und die Wohnungssuche. Forschungsbericht 48. https://www.bamf.de/SharedDocs/Anlagen/DE/Forschung/Forschungsberichte/fb48-muslimisches-leben2020-diskriminierung.pdf?__blob=publicationFile&v=10

StudyCheck (2024). *Studium Beratungswissenschaft.* https://www.studycheck.de/studium/beratungswissenschaft

SVR-Forschungsbereich (2020). *Mitten im Spiel – oder nur an der Seitenlinie? Politische Partizipation und zivilgesellschaftliches Engagement von Menschen mit Migrationshintergrund in Deutschland.* https://www.svr-migration.de/wp-content/uploads/2021/03/SVR-FB_Studie_Be-Part.pdf

Talhout, J. L. (2019). Muslimische Frauen und Männer in Deutschland. Eine empirische Studie zu geschlechtsspezifischen Diskriminierungserfahrungen. Springer Fachmedien Wiesbaden GmbH. https://doi.org/10.1007/978-3-658-24844-4

Thiersch, H., Grunwald, K. & Köngeter, S. (2011). Lebensweltorientierte Soziale Arbeit. In W. Thole (Hrsg.). *Grundriss Soziale Arbeit: Ein Einführendes Handbuch (Aufl., 4).* Springer Fachmedien Wiesbaden GmbH.

UKGM (2023). *ES-RiP-Studie.* https://www.ukgm.de/ugm_2/deu/ugi_pso/49105.html

UKD (2023). *Kultursensible Kommunikation in der Kinder-Onkologie.* https://www.uniklinik-duesseldorf.de/patienten-besucher/klinikeninstitutezentren/klinik-fuer-kinder-onkologie-haematologie-und-klinische-immunologie/forschungsbereiche/standard-titel

UN (1948). *Resolution der Generalversammlung 217 A (III).* Allgemeine Erklärung der Menschenrechte https://www.un.org/depts/german/menschenrechte/aemr.pdf

UNHCR (2015). *Abkommen über die Rechtsstellung der Flüchtlinge vom 28. Juli 195 (In Kraft getreten am 22. April 1954). Protokoll über die Rechtsstellung der Flüchtlinge vom 31. Januar 1967 (In Kraft getreten am 4. Oktober 1967).* https://www.unhcr.org/dach/wp-content/uploads/sites/27/2017/03/GFK_Pocket_2015_RZ_final_ansicht.pdf

UNHCR (2023a). *GLOBAL TRENDS. FORCED DISPLACEMENT IN 2023.* https://www.uno-fluechtlingshilfe.de/fileadmin/redaktion/PDF/UNHCR/global-trends-report-2023.pdf

UNHCR (2023b). *Effektive Integration von Flüchtlingen - Partizipative Ansätze für Beteiligte auf lokaler Ebene.* https://www.unhcr.org/dach/wp-content/uploads/sites/27/2023/01/Effektive-Integration-von-Fluchtlingen_Handbuch.pdf

Wagner-Schelewsky, P. & Hering, L. (2022). In Baur, N. & Jörg Blasius, J. (Hrsg.), *Handbuch Methoden der empirischen Sozialforschung* (Aufl. 3, S. 1051-1065). Springer VS Verlag Wiesbaden. https://doi.org/10.1007/978-3-658-37985-8

Wendel (2014). *Unterbringung von Flüchtlingen in Deutschland: Regelungen und Praxis der Bundesländer im Vergleich.* https://www.proasyl.de/wp-content/uploads/2015/04/Laendervergleich_Unterbringung_2014-09-23_01.pdf

Wendt, W. R. (2012). Das prinzipielle Verhältnis von Case Management und Beratung in W. R. Wendt (Hrsg.) *Beratung und Case Management* (S. 9-18). medhochzwei Verlag.

Wendt, P. U. (2015): Lehrbuch Methoden der Sozialen Arbeit. Beltz Verlag Juventa, Weinheim.

Wendt, W. R. (2018). *Case Management im Sozial- und Gesundheitswesen: Eine Einführung.* (Aufl. 7), Lambertus-Verlag.

Widulle, W. (2020). Gesprächsführung in der Sozialen Arbeit. Grundlagen und Gestaltungshilfen (3. Aufl.). Springer Fachmedien Wiesbaden GmbH. https://doi.org/10.1007/978-3-658-29204-1

VII. Anhang

Anhang A: Erhebungsinstrument: Fragebogen bzw. Leitfaden für die schriftliche Befragung zur Ermittlung der individuellen sozialen Themen, Bedürfnisse und Bedarfe arabischsprachiger, muslimischer Frauen hinsichtlich sozialer Unterstützung und Sozialberatung

1. Einleitungstext:

Willkommen zum schriftlichen Interview. Mein Name ist Jana Schlegel, ich bin an der Internationalen Hochschule und schreibe gerade meine Abschlussarbeit. Das Thema meiner Abschlussarbeit heißt:

Aufsuchende Sozialberatung in der Nachbarschaft:

Themen, Bedarfe und Bedürfnisse arabischsprachiger, muslimischer Frauen in Deutschland

Ich möchte mehr über die Themen, Bedarfe (Forderungen) und Bedürfnisse (Wünsche) arabischsprachiger, muslimischer Frauen im Alter von 18 bis 67 Jahre erfahren. Die Abschlussarbeit hat das Ziel Beratungs- und Unterstützungsangebote für Sozialberatung zu verbessern und weiterzuentwickeln. Danke, dass Sie an dieser schriftlichen Befragung teilnehmen. Lassen Sie uns nun beginnen!

2. Eröffnungsfragen:

- Welche alltäglichen Probleme, Einschränkungen und Schwierigkeiten haben Sie in Deutschland seitdem Sie die Gemeinschaftsunterkunft verlassen und allein (oder mit ihrer Familie) in einer eigenen Wohnung leben?

3. Forschungsrelevante Schlüsselfragen:

- Beschreiben Sie bitte Ihr soziales Umfeld in Deutschland: Welche Kontakte pflegen Sie, z. B. in der Nachbarschaft, Freizeit, Schule bzw. am Arbeitsplatz und fühlen Sie sich als Teil der Gemeinschaft? Bevorzugen bzw. suchen Sie eher gleichsprachige oder fremdsprachige Kontakte?

- Wo wünschen Sie sich Unterstützung, um Ihre Lebensqualität bzw. ihre Lebensbedingungen in Deutschland zu verbessern? (zum Ankreuzen)

Arbeitsrecht (z. B. bei Streitigkeiten mit dem Arbeitgeber)	Sozialrecht (z. B. Streitigkeiten mit Behörden, u. a. Jobcenter)	Mietrecht (z. B. bei Streitigkeiten mit dem Vermieter)
Familienrecht (z. B. bei Trennung bzw. Scheidung, Umgangs- und Sorgerecht für Kinder)	Ausländer- bzw. Flüchtlingsrecht (alles rund um BAMF und Ausländerbehörde)	Migrationsberatung bzw. Beratung für Migranten
Bürgergeld	Arbeitslosengeld	Rentenversicherung
Pflegeversicherung	Krankheit	Ernährung
Krankenversicherung	Zugang und Nutzung von Gesundheitsdiensten (z. B.	Wohngeld

	Finden von Ärzten, Behandlungen, Krankenhausaufenthalt, Terminorganisation, Angelegenheiten bei der Krankenkasse)	
Sozialhilfe	Kinderzuschlag	Kindergeld
Unterhaltsvorschuss	Finanzen oder/und Kredite	Beratung zu Schulden (bei finanziellen Problemen)
Unterstützung bei der Wohnungssuche	Wohnungsfragen (Miete, Betriebskosten(abrechnung), Stromanschluss, Nachsendeauftrag	Versicherungen (z. B. Haftpflicht, Hausrat, Unfallversicherung, Berufsunfähigkeit)
Berufsorientierung und Ausbildungsplatzsuche	Berufsausbildungsbeihilfe	Studium bzw. BAFÖG (als finanzielle Unterstützung für Studenten in Deutschland)
Weiterbildung	Umschulung	Sprach- bzw. Integrationskurse
Arbeitssuche	Schulsystem, Schulabschlüsse, Schulwechsel	schwierige Erlebnisse auf der Flucht nach Deutschland
schwierige Erlebnisse in ihrem Herkunftsland	Depression	Angstzustände
Schlafstörungen	psychische, psychiatrische oder neurologische Unterstützung	Stressbewältigung und Entspannung
Sucht	Altwerden in Deutschland	Pflege von älteren Familienmitgliedern
Schwangerschaft und Geburt	Sexualität	Verhütung
Elterngeld und Elternzeit	Kindererziehung	Streitigkeiten in der Familie
Trennung oder Scheidung	Wechseljahre bzw. Menopause	Tod und Trauer
Lebenskrisen	Mobilität (Fahrplan, Fahrkarten, Rad- oder Autoverleih)	Freizeit und Freizeitaktivitäten (Ausflüge, Reisen)
Hobbys (Sport, Reiten, Lesen, Heimwerken, Basteln)	Hilfe bei Anträgen	Begleitung zu Terminen

- Bei was benötigen Sie außerhalb dieser Themen noch Unterstützung?

- Welche sozialen Angebote, Dienstleistungen oder Programme haben Sie in den letzten fünf Jahren bereits kennengelernt und/oder genutzt?

- Wie nehmen Sie Unterstützungs- und Beratungsangebote in Deutschland in Bezug auf Ihre spezifischen Wünsche (Bedürfnisse) wahr, und inwiefern decken diese Angebote Ihre Anforderungen und Erwartungen ab? -> angepasst 24.07.2024 mit der Dolmetschenden zur Frage: Wie wählen Sie diese Unterstützungs- und Beratungsangebote in Deutschland in

Bezug auf Ihre Wünsche aus? Wie entsprechen diese Angebote Ihre Anforderungen und Erwartungen?

4. Abschlussfragen:

- Könnten Sie uns etwas über Ihre persönlichen Erfahrungen als arabisch sprechende, muslimische Frau in Deutschland erzählen?

- Welche Botschaft oder welches Anliegen möchten Sie der deutschen Gesellschaft bezüglich der Forderungen (Bedarfe) und Wünsche (Bedürfnisse) arabischsprachiger, muslimischer Frauen vermitteln?

5. Persönliche Angaben:

- Wie alt sind sie?

- Wie langen leben Sie in Deutschland?

- Was ist ihr Herkunftsland? -> angepasst 24.07.2024 mit der Dolmetschenden zur Frage: In welchem Land sind Sie geboren?

- Falls Sie zuerst in einer Gemeinschaftsunterkunft gelebt haben, gab es dort soziale Beratung und Unterstützung für ihre Fragen? ja/nein

Bitte hinterlassen Sie Ihre E-Mailadresse für schriftliche Rückfragen.

Bitte hinterlassen Sie Ihre Handynummer für schriftliche Rückfragen per WhatsApp.

Anhang B: Schriftliche Nachfragen an einzelne TNE zu einzelnen Antworten per Chatinterview (Methode: Kopieren und Einfügen)

1. Chatinterview mit Umfrageteilnehmenden TNE 2[16]: Nachfrage schriftlich per WhatsApp am 24.07.2024

[13:56, 24.7.2024] Jana Schlegel: Hallo Nr. 2, ich habe tatsächlich eine Nachfrage zu dieser Frage, wo du mit keine geantwortet hast: [G01Q01] Falls Sie zuerst in einer Gemeinschaftsunterkunft gelebt haben, gab es dort soziale Beratung und Unterstützung für ihre Fragen? - heißt das dann, dass es keine Unterstützung durch z. B. einen Sozialarbeiter gab oder heißt Keine: ich weiß es nicht?

[14:02, 24.7.2024] TNE 2 antwortet (paraphrasiert): Ich weiß nicht, wie Sie das meinen. Für uns hat das Sozialamt die Wohnung gefunden. Wir haben gesagt, wir würden gern hierher umziehen. Aber wir haben es selbst nicht gefunden. Deswegen wusste ich nicht, was Du damit meinst.

[13:56, 24.7.2024] Jana Schlegel: Das gleiche bei der Frage: [G01Q06] Wie wählen Sie diese Unterstützungs- und Beratungsangebote in Deutschland in Bezug auf Ihre Wünsche aus? Wie entsprechen diese Angebote Ihre Anforderungen und Erwartungen? heißt das du weißt es nicht oder du nutzt keine Angebote zur Unterstützung oder Beratung?

[14:01, 24.7.2024] TNE 2 antwortet (paraphrasiert): Hier habe ich die Frage nicht verstanden, weil in welchem Bezug meinen Sie diese Unterstützung und Beratung also zu welchem Thema?

[14:11, 24.7.2024] Jana Schlegel: Ja okay, also hast Du selbst eigentlich noch nie Beratung in Anspruch oder Unterstützung genommen. z. B. in der Schule vom Schulsozialarbeiter oder für eine Ausbildung vom Berufsberater. Ist eine Verständnisfrage.

[15:05, 24.7.2024] TNE 2 schreibt: ja, genau.

[14:13, 24.7.2024] Jana Schlegel: Die Fragen beziehen sich alle, wie oben beschrieben auf Soziale Arbeit und da insbesondere auf Beratung von Menschen. Die Themen zum Ankreuzen waren zur Orientierung gedacht.

[15:06, 24.7.2024] TNE 2 schreibt: Ah ja.

2. Chatinterview mit Umfrageteilnehmenden TNE 4: Nachfrage schriftlich per WhatsApp am 25.07.2024

[11:57, 25.7.2024] Jana Schlegel: Hallo Nr. 4, ich bin Jana. Danke das Du an meiner Umfrage teilgenommen hast

---

[16] Die Codierung ergibt sich aus der Reihenfolge, wie die Teilnehmenden die Umfrage beantwortet haben.

[12:10, 25.7.2024] Jana Schlegel: Dann habe ich eine Nachfrage zu dieser Antwort: [G01Q01] Falls Sie zuerst in einer Gemeinschaftsunterkunft gelebt haben, gab es dort soziale Beratung und Unterstützung für ihre Fragen? Es war die Auswahl ja oder nein möglich aber du hst es frei gelassen. Welche Ursache hat das?

[21:27, 26.07.2024] TNE 4 schreibt: Hier werde ich mit Ja antworten

[12:02, 25.7.2024] Jana Schlegel:
Du hast diese Frage: [G01Q02] يُرجى وصف بيئتك الاجتماعية في ألمانيا: ما هي العلاقات التي تحافظ عليها، على سبيل المثال في الحي أو في أوقات الفراغ أو المدرسة أو العمل، وهل تشعر بأنك جزء من المجتمع؟ هل تفضلين أو تبحثين عن اتصالات بنفس اللغة أو بلغة أجنبية؟ nur teilweise beantwortet und den Teil der Frage: Welche Kontakte pflegen Sie, z. B. in der Nachbarschaft, Freizeit, Schule bzw. am Arbeitsplatz und fühlen Sie sich als Teil der Gemeinschaft? -> ما هي العلاقات التي تحتفظ بها، على سبيل المثال في الحي أو في أوقات الفراغ أو المدرسة أو العمل، وهل تشعر ausgelassen. Hat das einen Grund? بأنك جزء من المجتمع؟

[21:58, 26.07.2024] TNE 4 schreibt: Die Frage war komisch für mich sonst die anderen sind gut zum verstehen.

[22:02, 26.7.2024] Jana Schlegel: Das soll bedeuten, dass mich interessiert, in welchen Netzwerken du Freundschaften hast - also z. B auf der Arbeit - da eben beruflich und privat oder nur beruflich z. B.

[22:04, 26.7.2024] Jana Schlegel: Und mich interessiert, ob Du Dich als Teil der Gemeinschaft fühlst also Dich z. B. Am Arbeitsplatz und in der Freizeit oder in Deutschland wohl fühlst und Dich von anderen gut angenommen.

[22:07, 26.7.2024] TNE 4 schreibt: Klar fühle mich hier wohl und auch auf Arbeit mit deutschen Menschen fühle mich gut komme mit den klar

[22:07, 26.7.2024] Jana Schlegel: Ja, fühlst du dich auch von den deutschen Menschen angenommen?

[22:08, 26.7.2024] TNE 4 schreibt: Ja mal erlich gesagt mehr als meine eingen Leute

[22:07, 26.7.2024] Jana Schlegel: Und, wo findest Du Freunde?

[22:09, 26.7.2024] TNE 4 antwortet: Auf Arbeit und auch privat aber ehr Arbeit mit die Arbeitskollegen bin mehr befreundet

[22:10, 26.7.2024] Jana Schlegel: Ja hast Du. Du hast mir sehr, sehr geholfen. Vielen lieben Dank.

[22:32, 26.7.2024] TNE 4 schreibt: Sehr gerne

[12:08, 25.7.2024] Jana Schlegel:

Dann habe ich noch eine Frage zu Deiner Antwort auf Frage: [G01Q08] Welche Botschaft oder welches Anliegen möchten Sie der deutschen Gesellschaft bezüglich der Forderungen und Wünsche arabischsprachiger, muslimischer Frauen vermitteln? رسالة هي انو يحسون من تصرفاتهم و نظرتهم للنساء المحجبا <- Kannst Du mir bitte deine Antwort in Deutsch übermitteln oder erklären? Das Übersetzungstool gibt aus: "Die Botschaft lautet, dass sie durch ihr Verhalten und ihre Wahrnehmung von Frauen, die den Hidschab tragen, sensibilisiert sind"

[21:27, 26.7.2024] TNE 4 schreibt: Hier meinte ich dass die sich normal benehmen bei jemanden der Kopftuch trägt und nicht zu den böse werden, weil die Kopftuch tragen die leute sind auch normale menschen

3. Chatinterview zum Umfrageteilnehmenden TNE 8 mit Dolmetschender: Nachfrage schriftlich per WhatsApp am 27.07.2024:

[20:12, 27.7.2024] Jana Schlegel schreibt: Was bedeutet das sinngemäß: العلاقات الاجتماعيه التي احفظ عليها ، نعم أشعة اني جزء من المجتمع ، انا افضل وابحث بنفس اللغه

[20:16, 27.7.2024] Dolmetschende schreibt: bedeutet sinngemäß: Ich pflege lieber soziale Beziehungen zur Familie und zu Freunden, ja ich bin Teil der Gemeinschaft, ich bevorzuge und suche in der gleichen Sprache.

[20:12, 27.7.2024] Jana Schlegel schreibt: الخدمات الي ستخدمتها هي الجمعيات للمساعده ، مترجم او مساعده من تبعون سوسيال

[20:18, 27.7.2024] Dolmetschende schreibt: Ich habe Hilfsorganisationen, ein Übersetzer oder ein Sozialarbeiter in Anspruch genommen.

[20:22, 27.7.2024] Jana Schlegel schreibt: Dann habe ich eine Frage an TNE 8: Kann Sie diese Frage Dir mal bitte beantworten: كيف تلبي هذه العروض متطلباتك وتوقعاتك؟

[20:23, 27.7.2024] Dolmetschende übersetzt, fragt nach und schreibt: Dienstleistungen von sozialen Organisationen oder Freunden in Anspruch nehmen; Ja, die Angebote haben mir gut gefallen.

3. Chatinterview zum Umfrageteilnehmenden TNE 12 mit Dolmetschender: Nachfrage schriftlich per WhatsApp am 28.07.2024

[12:32, 28.7.2024] Jana Schlegel: Guten Morgen: Was bedeutet das: ان تشتغل النساء المسلمات بالمجال للذي يخصهم من دراستهم وتعلمهم Der Übersetzer sagt: Für muslimische Frauen, sich in ihrem eigenen Studien- und Lernbereich zu engagieren

[12:39, 28.7.2024] Jana Schlegel: Bezieht sich auf die Frage: [G01Q04] Bei was benötigen Sie außerhalb dieser Themen noch Unterstützung?

[14:06, 28.7.2024] Dolmetschende übersetzt Das muslimische Frauen in Deutschland ihre erlernten Ausbildungen, Studien und Berufe hier ausüben können

Anhang C: Übersetzungen der arabischen Antworten ins Deutsche via Deepl mit Rückfrage bei TNE als auch bei der Dolmetschenden

[G01Q01] Welche alltäglichen Probleme, Einschränkungen und Schwierigkeiten haben Sie in Deutschland seitdem Sie die Gemeinschaftsunterkunft verlassen und allein (oder mit ihrer Familie) in einer eigenen Wohnung leben?

TNE 1: ausgefüllte Sprache deutsch

TNE 2: ausgefüllte Sprache deutsch

TNE 3: في أول قدومي إلى المانيا عشتو صعوبه في التأقلم في المانيا منذ قدومي المانيا عشتو مع اهلي ثم تزوجت واعيش مع زوجي واولادي -> Als ich zum ersten Mal nach Deutschland kam, fiel es mir schwer, mich in Deutschland einzugewöhnen, da ich noch bei meinen Eltern wohnte, dann habe ich geheiratet und lebe mit meinem Mann und meinen Kindern zusammen.

TNE 4: لا توجد مشاكل أو صعوبات Keine Probleme oder Schwierigkeiten

TNE 5: الغلاء Teuer.

6: unvollständiger, unvollendeter Fragebogen

TNE 7: ما وجدت صعوبات Keine Probleme

TNE 8: انا تعرضت للعنصرية في الشارع ومن جيران Ich habe Rassismus auf der Straße und von Nachbarn erlebt

9: unvollständiger, unvollendeter Fragebogen

10: unvollständiger, unvollendeter Fragebogen

TNE 11: ausgefüllte Sprache deutsch

TNE 12: مخالطة الجيران Zusammenleben mit den Nachbarn

TNE 13: لقد عانيت سته اعوام وانا في الطابق الخامس رغم انني اعاني من عده امراض Ich habe sechs Jahre lang im fünften Stock gelebt, obwohl ich an einer Reihe von Krankheiten litt.

TNE 14: الصعوبات هي نظرات الناس لكي من أجل الحجاب ونظرات غريبه Schwierig sind die seltsamen Blicke, die einem die Leute wegen des Hijabs zuwerfen.

[G01Q02] Beschreiben Sie bitte Ihr soziales Umfeld in Deutschland: Welche Kontakte pflegen Sie, z. B. in der Nachbarschaft, Freizeit, Schule bzw. am Arbeitsplatz und fühlen Sie sich als Teil der Gemeinschaft? Bevorzugen bzw. suchen Sie eher gleichsprachige oder fremdsprachige Kontakte?

TNE 1: ausgefüllte Sprache deutsch

TNE 2: ausgefüllte Sprache deutsch

TNE 3: انا لا احب الاختلاط بالكثير من الناس لان لدي قناعه ان الاختلاط بالكثير من الناس وكثره علاقات تاتي لك بمشاكل افضل بنفس اللغه. Ich mag nicht mit Leute Kontakt zu haben weil wann jemand sehr viel Kontakt hatte bekommt man Probleme.

TNE 4: نعم افضل باتصالات بنفس اللغة أو بلغة أجنبية Ja, ich bevorzuge Kommunikation in der gleichen Sprache oder in einer Fremdsprache. Antwort ergänzt aus schriftlicher Nachfrage Chatinterview Anhang B paraphrasiert: Klar fühle mich hier wohl und auch auf Arbeit mit dt. Menschen fühle mich gut komme mit den klar. Ja ich fühle mich von dt. Leuten mal erlich gesagt mehr verstanden als von meinen eigenen Leuten.

TNE 5: نعم ja und ja

TNE 6: unvollständiger, unvollendeter Fragebogen

TNE 7: علاقات في المدرسة و شعر بانني سعيدة و تأقلمت مع الحياة في المانيا و اشعر براحة Beziehungen in der Schule und ich hatte das Gefühl, dass ich glücklich war, mich an das Leben in Deutschland gewöhnt hatte und mich wohl fühlte.

TNE 8: العلاقات الاجتماعيه التي احفظ عليها ، نعم أشعة اني جزء من المجتمع ، انا افضل وابحث بنفس اللغه Ich pflege lieber soziale Beziehungen zur Familie und zu Freunden, ja ich bin Teil der Gemeinschaft, ich bevorzuge und suche in der gleichen Sprache.

9: unvollständiger, unvollendeter Fragebogen

10: unvollständiger, unvollendeter Fragebogen

TNE 11: ausgefüllte Sprache deutsch

TNE 12: نعم أشعر باني جزء من المجتمع Ja, ich fühle mich als Teil der Gemeinschaft (Antwort Frage 2; Frage 1 keine Antwort)

TNE 13: لم احرز على تعلم الكافي لا اجيد الا القليل من الأفكار شي عندي غاليتي وقليلة ما اخرج بسبب ما اعاني من امراض Ich habe nicht genug gelernt, ich habe nur wenige Ideen, und ich gehe wegen meiner Krankheiten selten aus.

TNE 14: في المدرسه وبعدها في المنزل nur in der Schule vom Sohn und zu Hause.

[G01Q03] Wo wünschen Sie sich Unterstützung, um Ihre Lebensqualität bzw. ihre Lebensbedingungen in Deutschland zu verbessern?

Auswahlfrage -> Antworten müssen nicht übersetzt werden

[G01Q04] Bei was benötigen Sie außerhalb dieser Themen noch Unterstützung?

TNE 1: ausgefüllte Sprache deutsch

TNE 2: ausgefüllte Sprache deutsch

TNE 3: لاشي Nichts.

TNE 4: لا توجد أشياء اخرى Keine anderen Sachen

TNE 5: كلا للعنصريه Nein zum Rassismus!

TNE 6: unvollständig

TNE 7: لا توجد اشياء اخرى Keine anderen Themen

TNE 8: احتاج حماي للاجئين لا يوجد عنصريه Ich brauche Sicherheit für Flüchtlinge, keinen Rassismus

9: unvollständiger, unvollendeter Fragebogen

10: unvollständiger, unvollendeter Fragebogen

TNE 11: ausgefüllte Sprache deutsch

TNE 12: ان تشتغل النساء المسلمات بالمجال للذي يخصهم من دراستهم وتعلمهم Das muslimische Frauen in Deutschland ihre erlernten Ausbildungen, Studien und Berufe hier ausüben können.

TNE 13: علاج Unterstützung bei der Heilung

TNE 14: دعم تعليم اللغه الالمانيه Unterstützung beim Deutsch lernen

[G01Q05] Welche sozialen Angebote, Dienstleistungen oder Programme haben Sie in den letzten fünf Jahren bereits kennengelernt und/oder genutzt?

TNE 1: ausgefüllte Sprache deutsch

TNE 2: ausgefüllte Sprache deutsch

TNE 3: لايوجد Es gibt keine

TNE 4: Lernsax

TNE 5: فيسبوك Facebook

6: unvollständiger, unvollendeter Fragebogen

TNE 7: لا شيئ Nichts.

TNE 8: الخدمات الي ستخدمتها هي الجمعيات للمساعده ، مترجم او مساعده من تبعون سوسيال Ich habe Hilfsorganisationen, ein Übersetzer oder ein Sozialarbeiter in Anspruch genommen.

9: unvollständiger, unvollendeter Fragebogen

10: unvollständiger, unvollendeter Fragebogen

TNE 11: ausgefüllte Sprache deutsch

TNE 12: لا شيء Nichts.

TNE 13: لا شيء Nichts.

TNE 14: لا شي Nichts.

[G01Q06] Wie wählen Sie diese Unterstützungs- und Beratungsangebote in Deutschland in Bezug auf Ihre Wünsche aus? Wie entsprechen diese Angebote Ihre Anforderungen und Erwartungen?

TNE 1: ausgefüllte Sprache deutsch

TNE 2: ausgefüllte Sprache deutsch

TNE 3 جيده Gut.

TNE 4 مع مرشدة اجتماعية Mit einem Betreuer

TNE 5 Frage 1: keine Antwort Frage 2: خدمات جيده جدا Sehr gute Dienstleistungen

6: unvollständiger, unvollendeter Fragebogen

TNE 7 لا أجد شيئ كهذا Ich kann so etwas nicht finden.

TNE 8: اختار للخدمات من الجمعيات الاجتماعيه او من الأصدقاء Dienstleistungen von sozialen Organisationen oder Freunden in Anspruch nehmen; Ja, die Angebote haben mir gut gefallen.

9: unvollständiger, unvollendeter Fragebogen

10: unvollständiger, unvollendeter Fragebogen

TNE 11: ausgefüllte Sprache deutsch

TNE 12: عن طريق مكتب اجتماعي Über das Sozialamt; 2. Frage unbeantwortet

TNE 13: زوجي يساعدني Mein Mann hilft mir

TNE 14: عن طريق المحامي Durch einen Rechtsanwalt

[G01Q07] Könnten Sie uns etwas über Ihre persönlichen Erfahrungen als arabisch sprechende, muslimische Frau in Deutschland erzählen?

TNE 1: ausgefüllte Sprache deutsch

TNE 2: ausgefüllte Sprache deutsch

TNE 3: بصراحه تعرضت لأكثر من موقف عنصري من الناس بسبب حجابي او تكلمي لغتي العربيه في المانيا Ehrlich gesagt habe ich schon mehr als einmal erlebt, dass Menschen rassistisch eingestellt waren, weil ich einen Hidschab trage oder in Deutschland Arabisch spreche.

TNE 4: ما وجدت ايآ صعوبة كامرأة مسلمة ناطقة بالعربية في المانيا Als arabischsprachige Muslimin in Deutschland hatte ich es nie schwer

TNE 5: تعجبني احترام المرأه في المانيا Ich mag den Respekt für Frauen in Deutschland

6: unvollständiger, unvollendeter Fragebogen

TNE 7: ‏بصفاتي امراة مسلمة في المانيا ما وجهت ايا مشكلة في المانيا ما تلقيت عنصرية و تأقلمت بشكل سريع في المانيا ليست‎ ‏لدي تجربة سيئة‎ Als muslimische Frau in Deutschland bin ich in Deutschland nie auf Schwierigkeiten gestoßen, ich bin nie rassistisch behandelt worden und habe mich schnell in Deutschland eingelebt, ich habe keine schlechten Erfahrungen gemacht.

TNE 8: ‏انا امرأه لحالي مع ٥ أطفال في ألمانيا لقيت صعوبات كتير . صعوبات في اللغه المانيه . صعوبات في الأوراق والمواعيد‎ Ich bin eine alleinstehende Frau mit 5 Kindern in Deutschland und habe viele Schwierigkeiten gehabt. Schwierigkeiten mit der deutschen Sprache. Schwierigkeiten mit Papierkram und Terminen

9: unvollständiger, unvollendeter Fragebogen

10: unvollständiger, unvollendeter Fragebogen

TNE 11: ausgefüllte Sprache deutsch

TNE 12: ‏لا يوجد عندي تجربة‎ Ich habe keine Erfahrung

TNE 13: ‏لم افهم السؤال‎ Ich habe die Frage nicht verstanden.

TNE 14: ‏انا احب المجتمع‎ Ich liebe die Gemeinschaft.

[G01Q08] Welche Botschaft oder welches Anliegen möchten Sie der deutschen Gesellschaft bezüglich der Forderungen und Wünsche arabischsprachiger, muslimischer Frauen vermitteln?

TNE 1: ausgefüllte Sprache deutsch

TNE 2: ausgefüllte Sprache deutsch

TNE 3: ‏لاشي‎ Nichts.

TNE 4: ‏رسالة هي انو يحسون من تصرفاتهم و نظرتهم للنساء المحجبات‎ Die Botschaft ist, dass sie ihr Verhalten und ihre Wahrnehmung von Frauen, die den Hidschab tragen, überprüfen.

TNE 5: ‏كلا للعنصرية واتمنى الاختلاط والتعارف بين الطرفين‎ Es gibt sehr viel Rassismus und ich wünsche, dass beide sich kennenlernen und verstehen

6: unvollständiger, unvollendeter Fragebogen

TNE 7: ‏ان توجد محبة بينا المان و الشعب الاجانبي دونا عنصرية‎ Nächstenliebe zwischen den Deutschen und den ausländischen Menschen ohne Rassismus zu schaffen.

TNE 8: ‏الاهتمام بالنساء المسلمات والحمايه من العنصريه‎ . Fürsorge für muslimische Frauen und Schutz vor Rassismus.

9: unvollständiger, unvollendeter Fragebogen

10: unvollständiger, unvollendeter Fragebogen

TNE 11: ausgefüllte Sprache deutsch

TNE 12: ان لا يكون في تمييز او فرق بين المرأة المسلمة والمراة الالمانية Es sollte keine Diskriminierung oder Unterschiede zwischen muslimischen Frauen und deutschen Frauen geben

TNE 13: تخصيص ندوات ودورات تعليميه لمن في عمر فوق ٥٥ مجانيه للجميع Kostenlose Seminare und Kurse für Menschen über 55

TNE 14: الامان Wunsch nach Sicherheit

[G01Q09] Wie alt sind sie? nummerische Eingabe -> keine Übersetzung notwendig

[G01Q10] Wie langen leben Sie in Deutschland? numerische Eingabe -> keine Übersetzung notwendig

[G01Q11] In welchem Land sind Sie geboren? Auswahlfrage -> keine Übersetzung notwendig

[G01Q12] Falls Sie zuerst in einer Gemeinschaftsunterkunft gelebt haben, gab es dort soziale Beratung und Unterstützung für ihre Fragen? Auswahlfrage -> keine Übersetzung notwendig

[G01Q01] Welche alltäglichen Probleme, Einschränkungen und Schwierigkeiten haben Sie in Deutschland seitdem Sie die Gemeinschaftsunterkunft verlassen und allein (oder mit ihrer Familie) in einer eigenen Wohnung leben?	
TNE 1	Schwierigkeiten bei der Wohnungssuche; hörte ständig Beleidigungen, Sprachprobleme bei Schule und Arbeit; schwierig, Arzttermine zu bekommen
TNE 2	Keine
TNE 3	anfänglich Anpassungsprobleme bei den Eltern; keine mehr nach Heirat
TNE 4	Keine
TNE 5	Kostspielig
TNE 7	keine Schwierigkeiten
TNE 8	Rassismus in der Öffentlichkeit und Nachbarschaft
TNE 11	wenig Schwierigkeiten, vor allem bei Terminen mit der Einwanderungsbehörde, Verständnisbarrieren bei vielen ankommenden Briefen; keine externe Unterstützung; berufliche Chancen bzw. Möglichkeiten fehlen;
TNE 12	Probleme in der Nachbarschaft
TNE 13	sechs Jahre mit vielen Krankheiten im fünften Stock gelebt
TNE 14	Schwierigkeiten durch komische Blicke von Leuten wegen des Hijabs
[G01Q02] a) Beschreiben Sie bitte Ihr soziales Umfeld in Deutschland: Welche Kontakte pflegen Sie, z. B. in der Nachbarschaft, Freizeit, Schule bzw. am Arbeitsplatz und fühlen Sie sich als Teil der Gemeinschaft? b) Bevorzugen bzw. suchen Sie eher gleichsprachige oder fremdsprachige Kontakte?	
TNE 1	a) auf Arbeit mit Kollegen; b) persönlich mit Menschen meiner Sprache;
TNE 2	a) Sozial gemischt aus Landsleuten und Menschen, die Deutsch sprechen; Verbundenheit mit Gemeinschaft; b) Sprache egal; gute Beziehungen sind wichtig;
TNE 3	vermeidet Kontakte; zu viele Kontakte verursachen Probleme;
TNE 4	Kommt gut klar; pflegt gute Kontakte auf Arbeit; fühlt sich mehr von Dt. verstanden als von Landsleuten; b) beides, in gleicher Sprache oder Fremdsprache;
TNE 5	Genau.
TNE 7	Kontakte in der Schule, dadurch Glücks- und Anpassungsgefühl, Wohlfühlen
TNE 8	a) bevorzugt familiäre und freundschaftliche Kontakte, fühlt sich gemeinschaftlich integriert; b) wählt gleichsprachige Kontakte;
TNE 11	Gefühl des Unbehagens und von Rassismus gegenüber Flüchtlingen; fühlt sich fremd und unwohl; fühlt sich abgelehnt trotz Suche nach Schutz und Hilfe gibt alles, um dazu zugehören, stößt aber auf Rassismus;
TNE 12	a) Keine Antwort; b) fühlt sich gemeinschaftlich integriert;
TNE 13	a) zu wenig gelernt, kaum Ideen, geht nur selten wegen Krankheiten raus;
TNE 14	a) Schule vom Sohn und mit eigener Familie; b) keine Antwort;
[G01Q04] Bei was benötigen Sie außerhalb dieser Themen noch Unterstützung?	
TNE 1	bei der Wohnungssuche

TNE 2	Keine
TNE 3	Nichts.
TNE 4	Nichts.
TNE 5	Gegen Rassismus
TNE 7	Nichts.
TNE 8	Flüchtlingsschutz, gegen Rassismus
TNE 11	AFD soll nicht gewinnen, damit man nicht zurück in ein zerstörtes Land geschickt Wird
TNE 12	Anerkennung von Ausbildungs- und Studienabschlüssen und Unterstützung bei der Berufsausübung
TNE 13	Heilung der Krankheiten
TNE 14	Beim Erlernen der dt. Sprache

[G01Q05] Welche sozialen Angebote, Dienstleistungen oder Programme haben Sie in den letzten fünf Jahren bereits kennengelernt und/oder genutzt?

TNE 1	an der LWB-Wohnschule teilgenommen; Lernsax; E-Mail-Schreiben, Deutsch als Zweitsprache und Tanzen gelernt;
TNE 2	Keine
TNE 3	Es gibt keine
TNE 4	Lernsax
TNE 5	Facebook
TNE 7	Nichts.
TNE 8	Hilfsorganisationen, Dolmetschende, Sozialarbeitende in Anspruch genommen
TNE 11	Keine
TNE 12	Keine
TNE 13	Nichts.
TNE 14	Nichts.

[G01Q06] a) Wie wählen Sie diese Unterstützungs- und Beratungsangebote in Deutschland in Bezug auf Ihre Wünsche aus? b) Wie entsprechen diese Angebote Ihre Anforderungen und Erwartungen?

TNE 1	a) Online im Internet; b) für muslimische Frauen keine Angebote
TNE 2	noch keine beansprucht
TNE 3	a) keine Antwort b) gut
TNE 4	Mit einem Betreuer
TNE 5	a) Keine Antwort b) Sehr gute Dienstleistungen
TNE 7	a) Ich finde nichts.
TNE 8	a) Soziale Dienste von Hilfsorganisationen, Freunden b) mochte die Angebote
TNE 11	a) Dt. denken, dass Flüchtlinge kein Recht zum Träumen haben
TNE 12	a) über Sozialamt b) keine Antwort
TNE 13	Hilfe vom Mann
TNE 14	Hilfe vom Rechtsanwalt

[G01Q07] Könnten Sie uns etwas über Ihre persönlichen Erfahrungen als arabisch sprechende, muslimische Frau in Deutschland erzählen?

TNE 1	gute Erfahrungen in Deutschland: kein Krieg dafür Schule und Jobs; einige Menschen sind freundlich und hilfreich, andere unfreundlich und hinderlich; einige beleidigen Ausländer (mit Kopftuch);
TNE 2	gelegentlich rassistische Beleidigungen, obwohl ich gut deutsch spreche und sie verstehe;
TNE 3	oft Rassismus erlebt wegen Hidschab oder arabischer Sprache;
TNE 4	keine Probleme in Deutschland
TNE 5	angetan von der Achtung für Frauen
TNE 7	Keine Probleme oder negativen Erlebnisse, gar kein Rassismus gespürt, schnell eingelebt;
TNE 8	alleinerziehend mit fünf Kindern und viele Probleme mit Bürokratie und Terminen, Sprachbarrieren;
TNE 11	schon lange in DE, spricht gut dt., was viele Dt. überrascht; spürt trotz guter Anpassung viel Ablehnung;
TNE 12	keine Erfahrungen
TNE 13	Frage nicht verstanden
TNE 14	mag die Gemeinschaft bzw. Gesellschaft

[G01Q08] Welche Botschaft oder welches Anliegen möchten Sie der deutschen Gesellschaft bezüglich der Forderungen und Wünsche arabischsprachiger, muslimischer Frauen vermitteln?

TNE 1	mehr Akzeptanz für muslimische Frauen mit und ohne Kopftuch
TNE 2	Keine Vorurteile, erst gegenseitig Kennenlernen
TNE 3	Nichts.
TNE 4	Sichtweise auf Frauen, die Hidschab tragen, überprüfen und ändern
TNE 5	statt Rassismus erst gegenseitig Kennenlernen für mehr Verständnis
TNE 7	Toleranz zwischen Deutschen und Fremden ohne Rassismus etablieren.
TNE 8	muslimische Frauen brauchen Schutz vor Rassismus und Fürsorge
TNE 11	sind vertrieben, bedroht im eigenen Land und gegen ihren Willen hier; habt keine Angst vor muslimischen Frauen mit Kopftuch, denn es schadet uns nicht; Kopftuch als Religionsgebot und -ausübung sind nur Kosmetik, wie jede andere Kopfbedeckung
TNE 12	keine Diskriminierung oder Unterscheidungen zwischen muslimischen und dt. Frauen
TNE 13	kostenfreie Bildungsangebote für Menschen über 55
TNE 14	Wunsch nach Sicherheit

Anhang E: Auswertung der Auswahlfrage [G01Q03] Wo wünschen Sie sich Unterstützung, um Ihre Lebensqualität bzw. ihre Lebensbedingungen in Deutschland zu verbessern?

Fragen	Anzahl der Antworten	Häufigkeit in %
Unterstützung bei der Wohnungssuche	6	0,54
Ausländer- bzw. Flüchtlingsrecht (alles rund um BAMF und Ausländerbehörde)	4	0,36
Sozialhilfe	4	0,36
Arbeitsrecht (z. B. bei Streitigkeiten mit dem Arbeitgeber)	3	0,27
Krankheit	3	0,27
Berufsorientierung und Ausbildungsplatzsuche	3	0,27
Sprach- bzw. Integrationskurse	3	0,27
Freizeit und Freizeitaktivitäten (Ausflüge, Reisen)	3	0,27
Hobbys (Sport, Reiten, Lesen, Heimwerken, Basteln)	3	0,27
Familienrecht (z. B. bei Trennung bzw. Scheidung, Umgangs- und Sorgerecht für Kinder)	2	0,18
Migrationsberatung bzw. Beratung für Migranten	2	0,18
Ernährung	2	0,18
Zugang und Nutzung von Gesundheitsdiensten (z. B. Finden von Ärzten, Behandlungen, Krankenhausaufenthalt, Terminorganisation, Angelegenheiten bei der Krankenkasse)	2	0,18
Wohngeld	2	0,18
Beratung zu Schulden (bei finanziellen Problemen)	2	0,18
Berufsausbildungsbeihilfe	2	0,18
Arbeitssuche	2	0,18
Depression	2	0,18
Schlafstörungen	2	
Stressbewältigung und Entspannung	2	0,18
Mobilität (Fahrplan, Fahrkarten, Rad- oder Autoverleih)	2	0,18
Mietrecht (z. B. bei Streitigkeiten mit dem Vermieter)	2	0,18
Sozialrecht (z. B. Streitigkeiten mit Behörden, u. a. Jobcenter)	1	0,09
Bürgergeld	1	0,09
Krankenversicherung	1	0,09
Finanzen oder/und Kredite	1	0,09
Versicherungen (z. B. Haftpflicht, Hausrat, Unfallversicherung, Berufsunfähigkeit)	1	0,09
Weiterbildung	1	0,09
Umschulung	1	0,09
Schulsystem, Schulabschlüsse, Schulwechsel	1	0,09

schwierige Erlebnisse in ihrem Herkunftsland	1	0,09
Angstzustände	1	0,09
psychische, psychiatrische oder neurologische Unterstützung	1	0,09
Altwerden in DE	1	0,09
Elterngeld und Elternzeit	1	0,09
Kindererziehung	1	0,09
Streitigkeiten in der Familie	1	0,09
Lebenskrisen	1	0,09
Hilfe bei Anträgen	1	0,09
Begleitung zu Terminen	1	0,09
Studium bzw. BAFÖG (als finanzielle Unterstützung für Studenten in DE)	0	0
Schwangerschaft und Geburt	0	0
Arbeitslosengeld	0	0
Rentenversicherung	0	0
Pflegeversicherung	0	0
Kinderzuschlag	0	0
Kindergeld	0	0
Unterhaltsvorschuss	0	0
Wohnungsfragen (Miete, Betriebskosten(abrechnung), Stromanschluss, Nachsendeauftrag	0	0
schwierige Erlebnisse auf der Flucht nach DE	0	0
Sucht	0	0
Pflege von älteren Familienmitgliedern	0	0
Sexualität	0	0
Verhütung	0	0
Trennung oder Scheidung	0	0
Wechseljahre bzw. Menopause	0	0
Tod und Trauer	0	0
	76	

Gesundheit nach SGB V (17)
Prävention (1)
Pflege nach SGB XI (1)
Bildungssystem und Bildungsangebote (9)
Sozialleistungen nach SGB II, SGB III, SGB XII bzw. § 68 SGB I, BAföG (14)
Kinder- und Jugendhilfe nach SGB VIII bzw. BGB (2)
MBE nach AufenthG (2)
Juristische Themen bzw. Rechtsberatung (12)
Rente nach SGB VI (0)
Lebens- bzw. Alltagsunterstützung (18)

[G01Q01] Welche alltäglichen Probleme, Einschränkungen und Schwierigkeiten haben Sie in Deutschland seitdem Sie die Gemeinschaftsunterkunft verlassen und allein (oder mit ihrer Familie) in einer eigenen Wohnung leben?

Kategorie 1: individuelle Schwierigkeiten, Barrieren und Alltagsprobleme

TNE-Nr.	Paraphrasen bzw. Segmente	Verallgemeinerung	Reduktion
TNE 1	• Schwierigkeiten bei der Wohnungssuche; • hörte ständig Beleidigungen • Sprachprobleme bei Schule und Arbeit; • schwierig, Arzttermine zu bekommen;	• Schwierigkeiten bei der Wohnungssuche und beim Zugang zu Gesundheitsdiensten; • Sprachprobleme; • Diskriminierung durch Worte;	• Wohn-, Kosten- und Nachbarschaftsprobleme • Zugangsbarrieren zu wichtigen Gesundheits- und Behördendienstleistungen und zum Arbeitsmarkt; • Sprach-, Verständnis- und Anpassungsschwierigkeiten • Diskriminierung mit Worten und Blicken
TNE 3	• anfänglich Anpassungsprobleme bei den Eltern;	• Anpassungsprobleme	
TNE 5	• kostspielig	• hohe Lebenshaltungskosten	
TNE 8	• Rassismus in der Öffentlichkeit und Nachbarschaft	• öffentliche Diskriminierung; Rassismus in der Nachbarschaft	
TNE 11	Schwierigkeiten, vor allem bei Terminen mit der Einwanderungsbehörde; • Verständnisbarrieren bei vielen ankommenden Briefen; • keine externe Unterstützung; • berufliche Chancen bzw. Möglichkeiten fehlen;	• schwieriger Zugang zu relevanten Behördendienstleistungen und zum Arbeitsmarkt; • Verständnisprobleme;	
TNE 12	• Probleme in der Nachbarschaft;	• Nachbarschaftsprobleme	

TNE 13	• sechs Jahre mit vielen Krankheiten im fünften Stock gelebt;	• Schwierige Wohnbedingungen	
TNE 14	• Schwierigkeiten durch komische Blicke von Leuten wegen des Hijabs;	• Diskriminierung durch Blicke	

[G01Q02] Beschreiben Sie bitte Ihr soziales Umfeld in Deutschland: Welche Kontakte pflegen Sie, z. B. in der Nachbarschaft, Freizeit, Schule bzw. am Arbeitsplatz und fühlen Sie sich als Teil der Gemeinschaft? Bevorzugen bzw. suchen Sie eher gleichsprachige oder fremdsprachige Kontakte?

Kategorie 2: Kontaktbedürfnis, Gemeinschaftsgefühl, soziale Integration

TNE 1	• auf Arbeit mit Kollegen; • persönlich mit Menschen meiner Sprache;	• berufliche Kontakte • privat gleichsprachig;	• Pflege beruflicher und schulischer Kontakte aber nur selten sozial und sprachlich gemischt mit Fokus auf Beziehungsqualität
TNE 2	• Sozial gemischt aus Landsleuten und Menschen, die Deutsch sprechen; • Verbundenheit mit Gemeinschaft; • Sprache egal; gute Beziehungen sind wichtig;	• sozial gemischte und qualitativ gute Beziehungen; • Sprache egal; • gemeinschaftliche Verbundenheit;	• sozial integriert und mit Gemeinschaft verbunden • eher wenig Kontakte und trotz Bemühungen bleibt Fremdheitsgefühl • privat eher gleichsprachige Kontakte im Familien- und Freundeskreis bevorzugt;
TNE 3	• vermeidet Kontakte; zu viele Kontakte verursachen Probleme;	• wenig Kontakte;	
TNE 4	• kommt gut klar; pflegt gute Kontakte auf Arbeit; fühlt sich mehr von Dt. verstanden als von Landsleuten; • beides, in gleicher Sprache oder Fremdsprache;	• berufliche Kontakte; • gemeinschaftliche Verbundenheit; • Sprache egal;	

TNE 7	• Kontakte in der Schule, dadurch Glücks- und Anpassungsgefühl, Wohlfühlen	• Wohlfühlen durch schulische Kontakte	
TNE 8	• bevorzugt familiäre und freundschaftliche Kontakte, fühlt sich gemeinschaftlich integriert; • wählt gleichsprachige Kontakte;	• wenig Kontakte bevorzugt gleichsprachig im Familien- und Freundeskreis;	
TNE 11	• Gefühl des Unbehagens und von Rassismus gegenüber Flüchtlingen; • fühlt sich fremd und unwohl; fühlt sich abgelehnt trotz • gibt alles, um dazu zugehören, stößt aber auf Rassismus;	• trotz Bemühungen bleibt Gefühl von Fremdheit, Ablehnung und Rassismus; • sucht Schutz und Hilfe;	
TNE 12	• fühlt sich gemeinschaftlich integriert;	• in die Gemeinschaft integriert;	
TNE 13	• zu wenig gelernt; • kaum Ideen; • geht nur selten wegen Krankheiten raus;	• ideenlos und oft krank zu Hause;	
TNE 14	• Kontakte zur Schule vom Sohn und mit eigener Familie;	• wenig Kontakte bevorzugt familiär und schulisch	

[G01Q04] Bei was benötigen Sie außerhalb dieser Themen noch Unterstützung?

Kategorie 3: Zusätzlicher Unterstützungsbedarf

TNE 1	bei der Wohnungssuche	bei Wohnproblemen	bei Wohnproblemen, Diskriminierung, gesetzlicher Schutz von Flüchtlingen, Integration auf dem Arbeitsmarkt, Gesundwerdung und beim Deutschlernen;
TNE 5	Gegen Rassismus	bei Diskriminierung	
TNE 8	Flüchtlingsschutz, gegen Rassismus	bei Diskriminierung und	
TNE 11	AFD soll nicht gewinnen, damit man nicht zurück in ein zerstörtes Land geschickt wird	politische Teilhabe bzw. Mitbestimmung	

TNE 12	Anerkennung von Aus-bildungs- und Studienab-schlüssen und Unterstüt-zung bei der Berufsaus-übung	Anerkennung von Ab-schlüssen und Berufs-ausübung unterstüt-zen;	
TNE 13	Heilung der Krankheiten	Wiederherstellung der Gesundheit	
TNE 14	Beim Erlernen der dt. Sprache	Sprachkurs deutsch	

[G01Q05] Welche sozialen Angebote, Dienstleistungen oder Programme haben Sie in den letzten fünf Jahren bereits kennengelernt und/oder genutzt?

Kategorie 4: Inanspruchnahme von sozialen Angeboten, Dienstleistungen oder Programmen

TNE 1	• an der LWB-Wohnschule teil-genommen; Lernsax; E-Mail-Schreiben; • Deutsch als Zweitsprache und Tanzen ge-lernt;	• Angebote pri-vatwirtschaftli-cher Unterneh-men; • schulische An-gebote;	• privatwirtschaftliche, lo-kale schulische Pro-gramme und soziale Dienste offline; • social Media und web-basierte E-Learning-An-gebote;
TNE 4	• Lernsax	• webbasierte E-Learning-Platt-form	
TNE 5	• Facebook	• Soziales Kon-taktnetzwerk	
TNE 8	• Hilfsorganisatio-nen, Dolmet-schende, Sozial-arbeitende in An-spruch genom-men	• soziale Dienst-leistungen	

[G01Q06] Wie wählen Sie diese Unterstützungs- und Beratungsangebote in Deutschland in Bezug auf Ihre Wünsche aus? Wie entsprechen diese Angebote Ihre Anforderungen und Erwartungen?

Kategorie 5: Auswahl und Qualität der Unterstützungs- und Beratungsangebote

TNE 1	• Online im Inter-net; • für muslimische Frauen keine An-gebote	• selbstständig internetbasiert • nichts für die Zielgruppe	• wählen Angebote eigen-händig im Web aus oder mit Hilfe externer Unter-stützung; • gute bis sehr gute Ange-bote • schwierig, was für die Zielgruppe zu finden, weil aus dt. Sicht gefühlt
TNE 3	• gut;	• gute Angebote	
TNE 4	• mit einem Be-treuer	• mit anderer Person	
TNE 5	• sehr gute Dienst-leistungen	• sehr gute An-gebote	

TNE 7	• ich finde nichts.	• Keine Angebote gefunden;	kein Recht auf Angebote besteht;
TNE 8	• soziale Dienste von Hilfsorganisationen, Freunden • mochte die Angebote	• Angebote gut;	
TNE 11	• Dt. denken, dass Flüchtlinge kein Recht zum Träumen haben	• fühlt kein Recht auf Angebote;	
TNE 12	• über Sozialamt	• mit Behörde	
TNE 13	• Hilfe vom Mann	• mit anderer Person	
TNE 14	• Hilfe vom Rechtsanwalt	• mit anderer Person	

[G01Q07] Könnten Sie uns etwas über Ihre persönlichen Erfahrungen als arabisch sprechende, muslimische Frau in Deutschland erzählen?

Kategorie 6: Persönliche Erfahrungen als arabisch sprechende, muslimische Frau

TNE 1	• gute Erfahrungen in Deutschland ohne Krieg; • Schule und Jobs; • einige Menschen sind freundlich und hilfreich, andere unfreundlich und hinderlich; • einige beleidigen Ausländer (mit Kopftuch);	• gute Erlebnisse ohne Krieg dafür Bildung und Arbeit; • kooperative und nicht kooperative Menschen; • allerlei ausländerfeindliche Beleidigungen;	• guten Erfahrungen bei Zwischenmenschlichkeit und Kooperationsbereitschaft verbunden mit hohen Schutz-, Sicherheits- und Gemeinschaftsgefühl mit Respekt für Frauen; • wenn Schwierigkeiten, dann eher individuell, organisatorisch und situationsbezogen;
TNE 2	• gelegentlich rassistische Beleidigungen, obwohl ich gut deutsch spreche und sie verstehe;	• anlassbezogen Rassismus trotz guter Deutschkenntnisse	• anlassbezogen ausländerfeindliche Handlungen mit ablehnender Haltung gegen Kopftuch und Sprache;
TNE 3	• oft Rassismus erlebt wegen Hidschab oder arabischer Sprache;	• häufig Diskriminierung wegen Muttersprache und Kopftuch;	• keine Schwierigkeiten
TNE 4	• keine Probleme in Deutschland	• keine Schwierigkeiten	

TNE 5	• angetan von der Achtung für Frauen	• respektvoller Umgang mit Frauen	
TNE 7	• keine Probleme oder negativen Erlebnisse, gar kein Rassismus gespürt, schnell eingelebt;	• keine Schwie-rigkeiten	
TNE 8	• alleinerziehend mit fünf Kindern und viele Prob-leme mit Büro-kratie und Termi-nen; • Sprachbarrieren;	• organisatori-sche, bürokrati-sche und Sprachprob-leme	
TNE 11	• schon lange in DE, spricht gut dt., was viele Dt. überrascht; • spürt trotz guter Anpassung viel Ablehnung;	• fühlt ableh-nende Haltung;	
TNE 14	• mag die Gemein-schaft bzw. Ge-sellschaft	• gutes Gemein-schaftsgefühl	

[G01Q08] Welche Botschaft oder welches Anliegen möchten Sie der deutschen Gesellschaft be-züglich der Forderungen und Wünsche arabischsprachiger, muslimischer Frauen vermitteln?

Kategorie 7: Forderungen und Wünsche an die dt. Gesellschaft

TNE 1	• mehr Akzeptanz für muslimische Frauen mit und ohne Kopftuch	• Annahme mus-limischer Frauen wie sie sind;	• tolerante, vorurteilsfreie Begegnung mit muslimi-schen, heimatlosen und vertriebenen Frauen ohne Diskriminierung und Berührungsängste vor Kopftuch bzw. Reli-gion sowie Schutz und Hilfe; • Gleichstellung von dt. und muslimischen Frauen; • kostenlose Bildung für ältere Frauen;
TNE 2	• Keine Vorurteile, erst gegenseitig Kennenlernen	• vorurteilsfreie Annahme durch Begeg-nung;	
TNE 4	• Sichtweise auf Frauen, die Hid-schab tragen, überprüfen und ändern	• Haltung gegen-über Frauen mit Kopftuch ändern;	
TNE 5	• statt Rassismus erst gegenseitig Kennenlernen für mehr Verständ-nis	• vorurteilsfreie Annahme durch Begeg-nung;	

TNE 7	• Toleranz zwischen Deutschen und Fremden ohne Rassismus etablieren.	• mehr Toleranz;	
TNE 8	• muslimische Frauen brauchen Schutz vor Rassismus und Fürsorge	• muslimische Frauen schützen und ihnen helfen;	
TNE 11	• sind vertrieben, bedroht im eigenen Land und gegen ihren Willen hier; • habt keine Angst vor muslimischen Frauen mit Kopftuch, denn es schadet uns nicht; • Kopftuch als Religionsgebot und -ausübung sind nur Kosmetik, wie jede andere Kopfbedeckung	• keine Angst vor Kopftüchern, Religion und unfreiwillig Vertriebenen bzw. Heimatlosen	
TNE 12	• keine Diskriminierung oder Unterscheidungen zwischen muslimischen und dt. Frauen	• Gleichheit zwischen dt. und muslimischen Frauen	
TNE 13	• kostenfreie Bildungsangebote für Menschen über 55	• kostenfreie Bildung für Ältere ü55	
TNE 14	• Wunsch nach Sicherheit	• Schutz	

Anhang F: Korpus für die Dokumentenanalyse

Nr.	Suchbegriff der Forschenden	Suchbegriff Befragung nach Häufigkeit	Institution	Herausgeber	Autor	Titel	Erstellzeitpunkt (Datum o. Jahr) bzw. Stand	Dokumentenart	Link	Erstellungsziel
1	a) Broschüre Unterstützung bei der Wohnungssuche	b) الكتيب للدعم في العثور على مسكن (Handbuch für Wohnungssuche) (Nennung durch TNE: 6)	BAMF	Bundesministerium des Innern, für Bau und Heimat (BMI)	BAMF	a) Willkommen in Deutschland b) مرحبا بكم في ألمانيا مرحبا بكم في ألمانيا | أشترى معلومات للمهاجرين والمهاجرات	2021	PDF-Broschüre zum Download und bestellen in Papierformat;	a) https://www.bamf.de/SharedDocs/Anlagen/DE/Integration/WillkommenDeutschland/willkommen-in-deutschland.html?nn=282388 b) https://www.bamf.de/SharedDocs/Anlagen/AR/Integration/WillkommenDeutschland/willkommen-in-deutschland.pdf?__blob	• Orientierung für Zugewanderte und Hilfe bei Integration (BAMF, 2021, S. 8-9)

89

| 2 | a) Broschüre Ausländer- bzw. Flüchtlingsrecht | b) كتيب عن قانون الأجانب واللجوء (Handbuch für Ausländer- und Flüchtlingsrecht) c) كتيب عن قانون الأجانب واللجوء (Nennung durch TNE: 4) | a/b: BAMF c) ADS | a/b: BAMF c) ADS | a/b: BAMF c) ADS | a) Ablauf des deutschen Asylverfahrens Ein Überblick über die einzelnen Verfahrensschritte und rechtlichen Grundlagen. b) Ablauf des deutschen Asylverfahrens (DIN A4) c) Schutz vor Diskriminierung in Deutschland: Ein Leitfaden für Flüchtlinge und Migranten. | a) 10/2023; 4. aktualisierte Fassung b) 31.07.19 c) ADS | a) PDF-Broschüre zum Download und bestellen in Papierformat; b) Handzettel zum Download und zum Bestellen in Papierformat c) PDF-Broschüre zum Download und bestellen in Papierformat; | a) https://www.bamf.de/SharedDocs/Anlagen/DE/AsylFluechtlingsschutz/Asylverfahren/das-deutsche-asylverfahren.html b) https://www.bamf.de/SharedDocs/Anlagen/DE/AsylFluechtlingsschutz/Asylverfahren/schema-ablauf-asylverfahren-a4.html?nn=282388 c) https://www.antidiskrimi =publicationFile&v=18 | • a) Überblick zum Ablauf des Asylverfahrens mit Einblick in die Entscheidungsfindung. • b) schematischer Ablauf nur als verkürzte Zusammenfassung der Broschüre • c) Leitfaden zu Diskriminierung im Kontext Flüchtlingsschutz |

Nr.	Suchbegriff / Durchlauf	Herausgeber	Titel	Datum	Format	Fundstelle	Anmerkungen
3	a) Broschüre Sozialhilfe b) erster Durchlauf mit الكتيب المساعدة الاجتماعية liefert keine adäquaten Ergebnisse c) zweiter Durchlauf mit Suchbegriff „Broschüre Sozialleistungen Deutschland" c) كتيب الرعاية الاجتماعية في ألمانيا liefert kein brauchbares Ergebnis	BMAS BMAS BMAS	a) Sozialhilfe und Grundsicherung im Alter und bei Erwerbsminderung c) Soziale Sicherung im Überblick	a) 01/2024 b) 01/2023 & (07/2023 Kapitel Rentenversicherung)	a/c: PDF Broschüre zum Download oder zum kostenfreien Bestellen im Papierformat	nierungsstelle.de/Share dDocs/dow nloads/DE/p ublikationen /Refugees/fl uechtlingsbr oschuere_a rabisch.pdf? _blob=pub licationFile& v=2 a) https://www. bmas.de/Sh aredDocs/D ownloads/D E/Publikatio nen/a207-sozialhilfe-und-grundsicher ung.pdf?_ blob=public ationFile&v =9 b) keine Ergebnisse c) https://www. bmas.de/Sh	• Erläuterungen zum Begriff „Sozialhilfe" als Vielzahl von Hilfen für hilfsbedürftige aus der Bürgerschaft für ein Leben in Würde und mit Teilhabe; • Broschüre hilft Rechtsanspruch zu verstehen und erläutert die verschiedenen Leistungen der Sozialhilfe detailreich aber nicht einzelfallbezogen;

Nr.	Titel		Herausgeber			Titel	Datum	Download	URL	Hinweis
		(Nennung durch TNE: 4)							aredDocs/Downloads/DE/Publikationen/a721-soziale-sicherung-im-ueberblick.pdf?__blob=publicationFile&v=6	
4	a) Broschüre Krankheit Deutschland c) Broschüre Krankheit Deutschland	b) كتيب أمراض المانيا d) كتيب أمراض المانيا (Nennung durch TNE: 3)	a/b: BZGA c/d: BMG (Referat Z 24 „Migration und Integration")	a/b BZGA c/d: BMG (Referat Z 24 „Migration und Integration")	a/b BZGA c/d: BMG (Referat Z 24 „Migration und Integration")	a) Ganz einfach gesund bleiben: Tipps für das Hygieneverhalten b) نصائح بسيطة للحفاظ على الصحة يمكن لكل سيدة أن c) Gesundheit für alle: Ein Wegweiser durch das dt. Gesundheitswesen	a/b: 06/2016 c/d: 2022, 4. Auflage	a/b: Faltblatt kostenlos zum Download oder zum Bestellen im Papierformat c/d: Broschüre als Ratgeber zum kostenfreien Download;	a) https://shop.bzga.de/pdf/62530100.pdf b) https://www.migration-gesundheit.bund.de/file admin/Dateien/pdfs_neu_2022/kindergesundheit/gesund_bleiben_6253 0104_ar.pdf c) https://www.migration-	• Schutz vor Infektionskrankheiten durch Hygienemaßnahmen, wie Hände waschen

92

| 5 | a) Broschüre Freizeit und Freizeitaktivitäten | b) كتب الأنشطة الترفيهية (النشر، الثقافة والسياحة) | a) ADAC
c) BZGA | a) ADAC
c) BZGA | a) ADAC
c) BZGA | a) Die schönsten Wochenendziele in Deutschland:

d) الصحة الرحلات الارشادي عبر للتدوين الصحية اللغات المانية | a) 2023
c) 2023 | a) Broschüre zum kostenfreien Download | a) https://assets.adac.de/image/upload/v1706524

d) https://www.migration-gesundheit.bund.de/file admin/Dateien/Publikationen/Gesundheit/wegweiser_gesundheit/arabic.wegweiser-gesundheit.2022.pdf | • ADAC informiert Reisewillige über dt. Ausflugsziele
• b) kein Ergebnis |

gesundheit.bund.de/file admin/Dateien/Publikationen/Gesundheit/wegweiser_gesundheit/deutsch.wegweiser-gesundheit.2022.pdf

b) Broschüre Hobbys in Deutschland c) Broschüre Breitensport Deutschland	Perfekte Kurztrips zu jeder Jahreszeit. c) Zeit für Bewegung "Bewegung und Sport - Elterninfo"	c) PDF Broschüre zum Download oder zum kostenfreien Bestellen im Papierformat	938/ADAC-Regionalclubs/Hessen-Thueringen/PDF/adac-hth-schoenste-wochenendziele_hfzjme.pdf b) Kein Ergebnis c) https://shop.bzga.de/broschuere-zeit-fuer-bewegung-bewegung-und-sport-elterninfo-11041407/	• c) Broschüre Zeit für Bewegung "Bewegung und Sport - Elterninfo"